GERHARD HENKE-BOCKSCHATZ

Oral History im Geschichtsunterricht

Bibiliografische Information der Deutschen Nationalbibliothek
Die Deutsche Nationalbibliothek verzeichnet diese Publikation in der Deutschen Nationalbibliografie; detaillierte bibliografische Daten sind im Internet über http://dnb.d-nb.de abrufbar.

www.wochenschau-verlag.de

Umschlaggestaltung: Ohl Design
Umschlagbild: dpa
Gedruckt auf chlorfrei gebleichtem Papier
Gesamtherstellung: Wochenschau Verlag
ISBN 978-3-89974889-5

Inhalt

Jedermann erfindet sich früher oder später
eine Geschichte, die er für sein Leben hält.
(Max Frisch)

1. Einleitung

1.1 Geschichte schriftlich und mündlich

Der alltägliche Geschichtsunterricht ist weitgehend durch die Arbeit mit schriftlichen Materialien geprägt, die in den meisten Fällen dem Schulbuch entnommen werden. Schüler erhalten und lesen gedruckte „Texte“, die auf verschiedene Art von vergangenen Ereignissen, Verhältnissen und Personen berichten: Einerseits zeitnah in Form von Überresten und Traditionen, andererseits aus größerer zeitlicher Distanz in Form von historiografischen Darstellungen. Wenn der Unterricht gut läuft, können die Kinder und Jugendlichen so die für historisches Lernen zentrale Erfahrung machen, dass und wie auf der Grundlage verschiedener Quellen Geschichte geschrieben wird. Ihnen ist dann bekannt, dass historische Narrative, die den Anspruch auf Objektivität erheben, zwar belegt und begründet sein sollten, sich aber trotzdem aufgrund der Standortgebundenheit der Erzähler erheblich unterscheiden können.

Im alltäglichen Leben neben und nach der Schule begegnet Geschichte den Jugendlichen zwar auch in schriftlicher Form (z. B. als Sachbuch oder auch als historischer Romane), vorwiegend aber in nicht-schriftlichen Medien: Einerseits in Gestalt von öffentlich zugänglichen und verbreiteten Erzählungen in den verschiedenen Medien vom Fernsehen bis hin zum Computerspiel, die im Spektrum zwischen strenger Dokumentation und freier Fiktion angesiedelt sind und bei denen die Verbindung von Bild(-folge) und Ton entscheidend ist; andererseits in Gestalt der vielen kleinen und größeren episodischen Erzählungen über die Vergangenheit, die in direkter Rede im Kreis der Verwandten, Freunde und Bekannten kursieren und die oft mit bestimmten Erinnerungsstücken (Fotos, Souvenirs etc.) und Erinnerungsorten verknüpft sind. Was auf dieser Ebene explizit und implizit tradiert wird, hat auf Geschichtsvorstellungen der Menschen oftmals einen weitaus größeren Einfluss als die „offizielle“ Geschichte („Hochgeschichte“), die in Schule und Öffentlichkeit vermittelt wird (Welzer 2001).

Dieses Buch soll aufzeigen, wie Formen der mündlichen Überlieferung stärker und bewusster als bisher in den Geschichtsunterricht einbezogen werden können. Dabei wird die aktive und direkte Durchführung von Zeitzeugenbefragungen und -gesprächen durch Schülerinnen und

Schüler, also die so genannte „Oral History", im Mittelpunkt stehen. Darüber hinaus soll aber auch dargestellt werden, wie mit Zeitzeugenaussagen, die nicht von den Schülern selber erfragt werden, im Unterricht umgegangen werden kann. Schüler sollten insbesondere dazu befähigt werden, die heutzutage übliche Verwendung von Zeitzeugen in dokumentarischen Features, aber auch in vielen lokal- und regionalhistorischen Publikationen kritisch zu analysieren. Das Buch will Erfahrungen und Anregungen dazu vermitteln, wie diese Ziele methodisch abwechslungsreich und in sachlogisch wie entwicklungsspezifisch vertretbaren, aufeinander aufbauenden Schritten umgesetzt werden können. Kinder und Jugendliche sollen so im Geschichtsunterricht nach und nach die Kompetenz erwerben, mündlich erzählte Lebensgeschichte(n) als spezifische Form der Rekonstruktion vergangener Erfahrungen zu begreifen und zu beurteilen.

1.2 Literaturbasis

Bis auf einen Studienbrief der Fernuniversität Hagen (Brüggemeier/ Wierling 1986) gibt es im deutschsprachigen Raum keine umfassende handbuchartige Einführung in die Theorie und Praxis der Oral History. Als konziser aktueller Überblick ist noch der längere Beitrag von Dorothee Wierling zu nennen (Wierling 2003). Im englischsprachigen Raum sieht die Situation zwar besser aus (zur Praxis der Oral History z. B. Ritchie 2003; zur Theorie der Oral History z. B. Abrams 2010), jedoch fällt auch bei diesen Werken auf, dass sie die wichtigen Bereiche der Interpretation, der Auswertung und der abschließenden Narrativierung oftmals ausblenden bzw. relativ kurz abhandeln. Dies gilt erst recht für Publikationen, die sich an Schüler und/oder Lehrer wenden. Sie enthalten zwar in der Regel viele detaillierte Hinweise zur Vorbereitung und Durchführung von Interviews, lassen die Leser aber meistens im Stich, wenn es um die Analyse, Interpretation und Beurteilung der erhobenen Daten und deren Integration zu einer Geschichte geht. Dies hängt sicherlich auch mit der unbestreitbaren Tatsache zusammen, dass sich Oral History bei aller anleitenden Unterstützung letztendlich nur lernen lässt, indem man sie selber betreibt (vgl. Wierling 2003, S. 92 f.)

1.3 Zum Aufbau des Bandes

Im ersten Kapitel werden die wichtigsten Gründe dafür genannt, Gespräche mit Zeitzeugen als Medium und als Methode in den Geschichtsunterricht aufzunehmen. Anschließend wird auf einer deskriptiv-phänomenalen Ebene der „Karriere der Zeitzeugen“ nachgegangen. In diesem Kapitel wird knapp geschildert, wie mündliche Überlieferungen im kommunikativen Gedächtnis von Kollektiven präsent sind und wie sich die moderne Geschichtswissenschaft hierzu verhalten hat. Im Mittelpunkt steht dann die „Entdeckung“ der Zeitzeugen im Verlauf der zweiten Hälfte des vergangenen Jahrhunderts sowohl durch die Wissenschaft (v. a. in der Form der Oral History) als auch durch die Medien.

Wenn die Erinnerungen der Menschen für den Prozess des historischen Lernens genutzt werden sollen, so sind unter Rückgriff auf Erkenntnisse der Psychologie und der Neurowissenschaften einige Ausführungen dazu notwendig, um was für eine geistige Tätigkeiten es sich bei dem Erinnern handelt und wie das Gedächtnis funktioniert. Dies ist der Gegenstand des dritten Kapitels. Eng damit verbunden ist die Beschreibung der sozialen Prägung bzw. Bedingtheit des individuellen Gedächtnisses.

Im vierten Kapitel, das den Kern des Buches ausmacht, geht es um die verschiedenen Ziele und Formen des Einsatzes von Zeitzeugen im Geschichtsunterricht. Die Anordnung der Ausführungen orientiert sich wesentlich an dem Ablauf und der Systematik eines Oral-History-Projektes von der Festlegung des Themas und der Fragestellung über Auswahl der Zeitzeugen, die Vorbereitung und Durchführung des Gesprächs bis hin zur Auswertung und Präsentation der Ergebnisse.

Im schulischen Alltag wird der Einsatz von Zeitzeugengespräche allerdings in den meisten Fällen einen bruchstückhaften Charakter haben, nur in Ausnahmefällen werden Interviews so umfassend und konsequent vorbereitet, durchgeführt und analysiert werden, wie dies im Rahmen professioneller Oral History zu geschehen pflegt. Deshalb werden im vierten Kapitel unterrichtsbezogene Formen und Arrangements der Behandlung von Zeitzeugengesprächen dargestellt. Es wird v. a. gezeigt, wie einzelne Momente und Phasen der Oral-History-Methode unter schulischen Bedingungen (gemeinsames Lernen im Klassenverband, strikt begrenzter Zeitrahmen etc.) umgesetzt werden können.

Das Buch endet mit einer kommentierten Zusammenstellung ausgewählter Internetadressen und elektronischer Ressourcen (CD/DVD), über die Aufzeichnungen von Zeitzeugengesprächen für den Unterricht bezogen werden können.

2. Warum Zeitzeugen im Geschichtsunterricht?

2.1 Gründe

Wenn auch das Befragen von Zeitzeugen heutzutage vielerorts noch nicht zum Standardrepertoire des Geschichtsunterrichts gehören mag und wenn auch eine didaktische Systematisierung und Elementarisierung der Benutzung von Erinnerungsinterviews im Geschichtsunterricht noch aussteht, so hat es als ein Medium und eine Methode historischen Lernens inzwischen doch weitgehend Anerkennung gefunden. Beispielsweise hat der Wettbewerb um den Preis des Bundespräsidenten seit nunmehr über fast 40 Jahre immer wieder gezeigt, welche motivierende Wirkung Zeitzeugenbefragungen auf Schüler haben können. Auch die immer größere Zahl von Präsentationen schulischer Oral-History-Projekte im Internet belegt die Beliebtheit die Methode. Schließlich setzen viele zeitgeschichtliche Gedenkstätten und Museen für ihren Bildungsauftrag auch Zeitzeugen ein.

Zeitzeugenbefragungen in der Schule sind schon allein deshalb sinnvoll, weil sie eine willkommene Abwechslung im Schul- und Unterrichtsalltag sein können und den Geschichtsunterricht interessanter machen. Neben diesem fachunspezifischen Argument lassen sich jedoch mindestens fünf gute (fach)didaktische und pädagogische Gründe nennen:

1. „Geschichte" tritt Schülern in solchen Gesprächssituationen wesentlich unmittelbarer gegenüber als im gewöhnlichen Geschichtsunterricht, in dem die Arbeit mit schriftlichen Quellen und Darstellungen dominiert. Diese Unmittelbarkeit liegt auf zwei Ebenen: Die eine Ebene besteht in der Begegnung mit jemandem, der selbst unmittelbar „dabei" war, der das damalige Geschehen selbst wahrgenommen, erfahren und verarbeitet hat. Der Erzählung des Zeitzeugen wird auf dieser Ebene im Allgemeinen ein hoher Grad an Authentizität zugesprochen. Die andere Ebene betrifft die unmittelbare, mit allen Sinnen wahrgenommene Schilderung der Erfahrungen und der Lebensgeschichte älterer Menschen. Sie vermag jugendliche Zuhörer besonders zu fesseln, weil ihnen damit reale persönliche Lebenswege und Lebensabschnitte in ihrer Unmittelbarkeit und Irreversibilität gegenübertreten. Auf diese Art wird besonders augenfällig, was „Zeit" und „Zeiten" für den Menschen bedeuten (können). Geschichte erscheint auf diese Art nicht mehr nur als etwas, das irgendwelche fremde Menschen früher erlebt haben und das irgendwann und irgendwie aufgeschrieben wurde. In Gestalt des Zeitzeugen bekommt Geschichte ein Gesicht

– sowohl in der Form desjenigen, der „dabei“ war, als auch in der Form desjenigen, der frühere Erfahrungen verarbeitet hat.

2. Werden Zeitzeugenbefragungen von Schülern selber durchgeführt, so geht damit im allgemeinen ein großes Maß an Eigenaktivität der Lernenden einher, weshalb sich die Methode besonders für einen projekt- und handlungsorientierten Unterricht eignet. Von den ersten Vorüberlegungen bis zur Auswertung und Präsentation der Ergebnisse müssen eine ganze Reihe von Arbeitsschritten zunehmend selbstständig vollzogen werden: Zu dem Thema müssen Informationen beschafft und aus ihnen Fragestellungen entwickelt werden. Auskunftsfähige und auskunftswillige Zeitzeugen müssen gefunden werden. Die Befragung muss inhaltlich und methodisch vorbereitet, durchgeführt, dokumentiert und ausgewertet werden. Die Ergebnisse müssen in pointierter und interessanter Form zusammengefasst werden. Für diesen letzten Schritt liegt es nahe, von Beginn an aktive Medienarbeit einzuplanen, z. B. in Form von multimedialen Collagen oder kleinen Ausstellungen. Gleichzeitig macht die Gesprächssituation es für die Schüler leichter, spontan weiterführende Fragen zu stellen. Unklarheiten können gleich angesprochen werden, Zwischenschritte der Informationsbeschaffung entfallen bzw. können abgekürzt werden.
3. Zeitzeugeninterviews tragen zu Öffnung der Schulen bei, indem das außerschulische Leben in den Geschichtsunterricht einbezogen wird: Verwandte, Bekannte, Nachbarn und andere Ortsangehörige fungieren als „Quellen“. So wird direkt erfahrbar, dass historisches Lernen dazu beitragen kann, die eigene Umgebung und die in ihr lebenden Mitmenschen besser zu verstehen. Gespräche mit Zeitzeugen dokumentieren ein explizites Interesse der Jüngeren an den Erfahrungen der Älteren und fördern so die Kommunikation zwischen den Generationen. Umgekehrt können Schüler, die in ihrer Umgebung Zeitzeugeninterviews durchführen, einen wichtigen Beitrag zur lokalen und regionalen Geschichtskultur leisten, indem sie ihre Ergebnisse der Öffentlichkeit präsentieren und/oder an geschichtskulturelle Institutionen (Archive, Museen etc.) weitergeben. In den USA ist dieses lokal- und regionalhistorische Potenzial schulischer Oral-History-Projekte unter dem Titel „community-based research“ oder „service-learning“ schon lange erkannt worden (Crothers 2002). In Deutschland hingegen sind entsprechende Kooperationen von Schulen mit Museen, Archiven und Geschichtsvereinen die Ausnahme.

4. In den letzten Jahrzehnten ist der Markt der populären Geschichtskultur stark ausgeweitet worden. Dabei bedienen sich insbesondere zeitgeschichtliche Film- und Fernsehdokumentationen sehr gerne der Figur des Zeitzeugen, um dadurch den Eindruck von Authentizität zu fördern. Schülerinnen und Schüler sollten deshalb im Geschichtsunterricht auch die Kompetenz erwerben, sich mit dieser Art der Darstellung kritisch auseinander zu setzen (vgl. Heuer 2010). Bodo von Borries warnt Schüler: „Lass Dich nicht von so genannten ‚Dokumentationen' – [...] – suggestiv über den Tisch ziehen!" (Borries 2009, S. 140). Dies gilt gleichermaßen für den nicht so auffälligen, aber sehr umfangreichen Bereich lokal- und regionalhistorischer Publikationen unterschiedlichster Güte. Es gibt heutzutage in Deutschland kaum mehr einen Ort, für den nicht eine Sammlung von Zeitzeugenberichten zur Kriegs- und Nachkriegszeit vorliegt. Ähnliches gilt für die ostdeutschen Städte und Dörfer und ihre Geschichte während der DDR und der Wende.
5. Schließlich wird vom Standpunkt der Schüler und Lehrer, die etwas über die Geschichte ihrer Umgebung herausfinden wollen, oft übersehen, dass ältere Menschen nicht nur als „Quelle" für Schule und Wissenschaft fungieren wollen, sondern dass sie auch von sich aus ein Bedürfnis haben, Personen, die ihnen fremd sind, ihre Lebensgeschichte mitzuteilen. Es drückt sich darin ein sehr fundamentaler Wunsch nach Anerkennung und Wertschätzung des eigenen Lebensweges aus, danach, mit den eigenen Erfahrungen für bedeutsam oder interessant erachtet zu werden. In der Altenarbeit wird auf diesen Wunsch vielerorts mit der Einrichtung von Erzählcafes o. Ä. reagiert. In einer Interviewsituation kann die Missachtung der eigenen Erzählbedürfnisses des Zeitzeugen sehr schnell dazu führen, dass der Erzählfluss versiegt. Zeitzeugeninterviews führen also auch zum Nachdenken über die subjektiven Bedingungen und Grenzen des Erzählens und liefern damit Einsichten in die Konstruktionsprinzipien von Lebensgeschichten.

   Ob sich die positiven Erwartungen an den Einsatz von Zeitzeugen im Geschichtsunterricht auch empirisch bei den dadurch erworbenen Kompetenzen nachweisen lassen, ist bisher nicht untersucht worden. Eine umfangreichere Studie ist aber angekündigt worden (Bertram 2012).

2.2 Bedenken

Den guten Gründen für den Einsatz von Zeitzeugen im Schulunterricht stehen einige durchaus ernstzunehmende Einwände gegenüber. Zunächst: Oral History ist alles andere als einfach. Soll sie nicht nur folgenlose Abwechslung und Unterhaltung sein, müssen von der Lerngruppe intensive Vor- und Nachbereitungen erbracht werden. Der hohe Grad an Eigenaktivität und Selbständigkeit kann eben in schwachen Lerngruppen auch zu einem Problem und einer Schranke werden. Die Schülerinnen und Schüler müssen sich einerseits so weit wie möglich mit der früheren Lebenssituation der Interviewten vertraut machen. Andererseits sollte ihnen das allgemeine historische Umfeld, in das diese Situation eingebettet war, bekannt sein. Das Interview sollte sorgfältig vorbereitet, dokumentiert und ausgewertet werden. Ein Zeitzeugeninterview, das wissenschaftliche Standards auch nur annähernd erfüllt, geht im allgemeinen schon wegen des Zeit- und Arbeitsaufwandes (Vorgespräch, zwei- bis dreistündiges Erstgespräch, eventuelles Folgegespräch, Transkription, Zusammenfassung und Analyse) über den Rahmen dessen hinaus, was im starren Rahmen des schulischen Alltags möglich ist. Auch die Zahl der Interviews, die geführt werden müssten, um eine halbwegs verlässliche Grundlage für verallgemeinernde Aussagen zu erhalten, übersteigt die schulischen Kapazitäten bei weitem.

Bedenken ergeben sich auch daraus, dass den jungen Schülern im allgemeinen die Lebenserfahrung, oft aber auch – selbst bei bester Vorbereitung – die Sachkenntnis fehlt, um sowohl während des Interviews als auch in der Auswertungsphase angemessen weiterführende oder zu vertiefende Ansatzpunkte zu entdecken. Schließlich mangelt es nicht wenigen Lehrerinnen und -lehrern an eigenen Erfahrungen mit Zeitzeugenbefragungen. Vorbereitung, Durchführung und Analyse solcher Gespräche gehören hierzulande nicht zu den Essentials der Geschichtslehrerausbildung.

Oral History verlangt also von den Schülern ein Engagement, das über die gewöhnliche Bereitschaft zur Mitarbeit im Unterricht weit hinausgeht. Nicht zufällig werden Oral-History-Vorhaben in den Schulen meistens im Rahmen von Projekten oder Geschichtswerkstätten durchgeführt. In dem schon etwas älteren Handbuch der Geschichtsdidaktik findet sich dazu der warnende Hinweis, dieses Verfahren mache den Schülern das forschend-entdeckende Lernen nicht leicht, weil es „hohe Ansprüche an das Einfühlungsvermögen und die Quellendistanz" stelle. Oral History im Geschichtsunterricht bedürfe deshalb der Begleitung und Betreuung durch entsprechend versierte Lehrer (Wierling 1997, 239). Als wichtiges

Argument für einen relativ sparsamen, dafür aber intensiven und reflektierten Einsatz der Oral History in der Schule ist insbesondere darauf hingewiesen worden, dass Schüler dazu tendieren, Zeitzeugenaussagen als durch Lebenserfahrung bezeugte historische Wahrheiten hinzunehmen (Schneider 1994, 74f. und Kaminsky 1999, 463).

Der Einsatz von Zeitzeugen im Zuge schulischen historischen Lernens kann auch mit der Gefahr verbunden sein, eine Form des Erzählens über die Vergangenheit zu unterstützen, die dem Kern des Selbstverständnisses moderner Geschichtswissenschaft widerspricht. Hatte doch gerade für die vormoderne Geschichtsschreibung die Augen- und Ohrenzeugenschaft eine zentrale Bedeutung: Historische Wahrheit wurde so verstanden, dass beurteilt werden müsse, welche Schilderung von welchem Zeugen zutreffend sei – im Sinn einer direkten Teilhabe und Wiedergabe der Geschehnisse. Das neuere Verständnis von Geschichte zeichnet sich aber durch das Bewusstsein aus, dass der Blick zurück auf die vergangenen Ereignisse nicht nur wegen des perspektivischen Charakters der Quellen, sondern auch wegen der sich stetig verändernden Perspektiven der Historiker sehr unterschiedlich ausfallen kann (vgl. Koselleck 2000, S. 182f.). Moderne Geschichtswissenschaft hat sich von der Vorstellung und der Möglichkeit, es könne einen letzthin zutreffenden Bericht über vergangene Geschehnisse geben, verabschiedet. Genau diese Authentizitätsvorstellung kann aber – zumal bei jüngeren Menschen – durch einen Zeitzeugenbericht evoziert werden.

Schließlich muss mit Blick auf die didaktisch zu begründende Themenauswahl für den Geschichtsunterricht gefragt werden, ob der Zugang über Zeitzeugenaussagen den Schülerinnen und Schülern wirklich bedeutsame Einsichten und Erkenntnisse für ihr gegenwärtiges und zukünftiges Leben vermittelt. Die Frage ist weitgehend identisch damit, was Kultur- und Alltagsgeschichte, die zwei Bereiche, auf die Zeitzeugenaussagen meistens bezogen sind, inhaltlich zum historischen Lernen beitragen können. Zur Beantwortung reicht die Kenntnis, dass früher vieles anders war als heute, nicht aus. Wenn ein Zeitzeuge beispielsweise über sein Leben in den 1950er Jahren berichtet und ausführlich schildert, wie man gekleidet war, was man aß und trank, was man in der Freizeit unternahm usw., so kann dies leicht auf der Ebene von Banalitäten und Anekdoten verbleiben, wenn man zu keinen allgemeinen Erkenntnissen und Einsichten gelangt.

2.3 Abwägung und Schlussfolgerungen

Solche Einwände haben Gewicht. Allerdings dürfte es um die Kompetenz der Schüler hinsichtlich anderer Methoden und Medien kaum besser bestellt sein. Dass Schüler vieles nicht verstehen und dass ihnen viele Zusammenhänge und Erfahrungen nicht bekannt sind, führt ja auch nicht dazu, die Arbeit mit Text- oder Bildquellen mit einem großen Fragezeichen zu versehen. Oftmals scheinen sich Vorbehalte gegen den Einsatz von Zeitzeugeninterviews im Geschichtsunterricht einer sehr engen Orientierung an den Verfahrensweisen und dem Gegenstandsbereich einer wissenschaftlich betriebenen Oral History zu verdanken, an deren Qualitätsstandards der Geschichtsunterricht direkt gemessen wird. Wird im Geschichtsunterricht mit mündlichen Überlieferungen gearbeitet, so sollte dies aber in erster Linie nicht deshalb geschehen, weil es in der Geschichtswissenschaft eine hauptsächlich in diesem Bereich arbeitende Unterabteilung mit einem ausgefeilten methodischen Instrumentarium gibt. Der didaktische Ausgangspunkt liegt vielmehr darin, dass persönliche Erinnerungen nun mal die verbreiteteste und wirksamste Form sind, in der vergangene Erfahrungen verarbeitet und überliefert werden. Obwohl die Schrift- und Lesekultur seit Jahrhunderten scheinbar über das gesprochene Wort dominiert und obwohl die modernen Medien vom Fernsehen bis zum Internet eine immer größere Rolle spielen, stoßen Kinder in der Regel immer noch in den von Eltern und Großeltern erzählten „Familiengeschichten" erstmals in ihrer Lebenswelt auf tradierte Geschichte. Vor allem erfahren sie so praktisch, wie die Zumessung von Bedeutung Erinnerung bestimmt und strukturiert. Über die „Schlüsselgeschichten" der Älteren fangen die Jüngeren an zu erahnen, was für deren Leben – und das ist für sie zunächst *das* Leben – wichtig war, welche Ereignisse, Personen und Verhältnisse sie zu dem gemacht haben, was sie sind. Geschichtsbewusstsein tritt Kindern so in seiner lebenspraktischen Grundform entgegen und prägt ihr eigenes Geschichtsbewusstsein erheblich nachhaltiger als die schulische Geschichtssozialisation.

Für den Einsatz von Oral History in der Schule folgt aus diesen Überlegungen eine gewisse Relativierung und Reduzierung der strengen Maßstäbe, an denen sich wissenschaftliche Oral-History-Untersuchungen messen lassen müssen und die in nicht wenigen Projektarbeiten engagierter Schüler durchaus auch erreicht werden. Oral History in der Schule sollte eingebettet sein in eine umfassendere Didaktik und Methodik der mündlichen Überlieferung als eines Elements des historischen Lernens von der Primarstufe bis hin zum Abitur. Den durchaus berechtigten Warnungen und Ratschlägen ist nachhaltig die Aufforderung voranzustellen, Zeitgeschichte so oft wie möglich und in den verschiedensten Formen unter Einbezug mündlich vorgetragener Erinnerungen zu vermitteln. Um jedoch der Gefahr entgegen zu wirken, persönliche Erinnerung mit Wahrheit oder mit Geschichte zu identifizieren, sollte eine Bedingung auf jeden Fall von Beginn an erfüllt sein: Die Zeitzeugenaussagen müssen einem Prozess der Überprüfung, Analyse und Beurteilung hinsichtlich ihrer inneren Stimmigkeit und Plausibilität und hinsichtlich ihrer (Nicht-)Übereinstimmung mit anderen Quellen unterzogen werden. Und um das Gespräch mit Zeitzeugen über das Sammeln von Kuriositäten und Anekdoten hinaus zu führen, muss es von Anfang an von einer konkreten Fragestellung geleitet sein, die mehr wissen will, als das, was der Zeitzeuge erzählt.

3. Mündliche Überlieferung – Status und Karriere von „Zeitzeugen"

3.1 „Zeitgenossen", „Augenzeugen", „Tatzeugen" und „Zeitzeugen"

Der Begriff „Zeitzeuge" hat selber seine Geschichte. Er taucht erstmals nachweisbar 1975 bei dem Schriftsteller Hans Hellmut Kirst und 1977 bei dem Historiker Hagen Schulze auf. Die Figur des „Zeitzeugen" trat dann im Laufe der 1980er Jahre immer öfters in den Titeln von Büchern, Aufsätzen und Sendungen auf, v. a. im Zusammenhang mit der NS-Zeit (Sabrow 2008). Zeitzeugen kamen seitdem auch vermehrt im Geschichtsunterricht und in den älteren und neu entstehenden Gedenkstätten zum Nationalsozialismus zu Wort. In ihren Anfängen stand diese Konjunktur des Zeitzeugen in enger Verbindung mit dem Engagement für eine „demokratische Gegenerzählung von unten", wie sie der Schwede Sven Lindquist mit seinem Buch „Grabe, wo du stehst" (1978) propagiert hatte und wie sie sich gleichzeitig in Form der History Workshops in England und der Geschichtswerkstätten in Westdeutschland entwickelte. In der Bundesrepublik war die Bewegung vor allem von der Absicht bestimmt, die vom Nationalsozialismus Verfolgten und Diskriminierten zu Wort kommen zu lassen. Das durch den Nationalsozialismus verursachte massenhafte, alle bisherigen Dimensionen sprengende Leid sollte so personifiziert werden. Daneben trat der sehr demokratische Gedanke, dass nicht nur die großen und berühmten Persönlichkeiten, sondern auch die „kleinen Leute" und ihr alltägliches Leben der Erinnerung wert seien. Schon bald aber streifte der Zeitzeuge als Erzähltypus das kritisch-emanzipatorische Gedankengut ab und wurde zu einem integralen Bestandteil medialer Meistererzählungen.

„Zeitzeuge" ist für sich ein merkwürdiger Begriff, auch wenn er in ähnlicher Form in anderen Sprachen vorkommt (Englisch: contemporary witness; Französisch: témoin de l'époque). „Zeuge" im Sinne von „Augenzeuge" ist jemand, der aktiv oder passiv bei einem Geschehen „dabei" war, es selber erlebt oder es zumindest wahrgenommen hat. „Augenzeugen" erzählen im Allgemeinen nicht wahllos mehr oder weniger Wichtiges aus ihrem Leben. Vor Gericht werden sie beispielsweise gebraucht, um einen konkreten Sachverhalt, ein mutmaßliches Verbrechen oder Vergehen, aufzuklären. Jeder Krimi-Leser und -zuschauer und erst recht jeder Richter weiß, dass gegenüber der Zuverlässigkeit von Zeugenberichten eine gewisse Skepsis angebracht ist. Weil von der Aussage des Zeugen vor Gericht das Urteil mit all seinen Konsequenzen für den Angeklagten (mit) abhängt, wird die Aussage penibel geprüft. Der Zeuge muss es sich gefallen lassen, dass sein Zeugnis von der Verteidigung oder der Anklage angezweifelt wird, die Stimmigkeit, Schlüssigkeit, Wahrscheinlichkeit etc. in Frage gestellt wird. Er muss mit Nachfragen dazu rechnen, von wo er was zu welchem Zeitpunkt genau beobachtet hat, in welchem geistigen und körperlichen Zustand er war, wie sicher er sich seiner Beobachtung ist etc. Und er muss sich gegebenenfalls vom Richter die ermahnende Aufforderung gefallen lassen, nicht in Nebensächlichkeiten abzuschweifen, sondern zur Sache zu sprechen.

Ein „Zeitzeuge", wie er beispielsweise in einer Dokumentarsendung auftritt, ist hingegen nicht durch sein Auftreten vor einem Tribunal oder vor Gericht gekennzeichnet – auch wenn dies in Ausnahmefällen durchaus der Fall sein kann. So wurden etwa Holocaust-Überlebende in Strafprozessen nicht als Zeitzeugen vernommen, sondern als Opfer, die über das konkrete Handeln konkreter Personen Auskunft geben sollten, um deren Schuld festzustellen. Dieselben Zeugen werden zu Zeitzeugen aber erst dann, wenn man sie über vergangene Ereignisse und Verhältnisse ohne den engführenden Blick auf justitiable Sachverhalte berichten lässt. Einen gewissen Übergang vom Tatzeugen zum Zeitzeugen brachte 1961 der Eichmann-Prozess in Jerusalem mit sich, in dessen Verlauf der Staatsanwalt 112 Zeugen auftreten ließ, deren Schilderungen persönlich erlebten Leids in Auschwitz weit über das Maß hinausgingen, das für die Prozessführung erforderlich war. Als Prozessbeobachterin hielt Hannah Arendt dieses Vorgehen, durch das die Ungeheuerlichkeit der Vorgänge im Konzentrationslager verdeutlicht werden sollte, für juristisch fragwürdig (vgl. Sabrow 2008, 4 ff.).

Die Aussage des Zeitzeugen steht unter einem weniger strikten Beweiszwang, sie wird in der Regel während des Erzählens oder im unmittelbaren Anschluss nicht kommentiert und erst recht nicht kritisiert. Der Zeitzeuge wird nicht ins Kreuzverhör genommen. Dies wäre nämlich unvereinbar mit der Wirkung, auf die es bei ihm offenbar ankommt: Von einem Menschen zu hören, wie „es" früher war, wie er überhaupt oder während eines bestimmten Zeitraums gelebt und was er erlebt hat. Der Zeitzeuge ist in den Medien erwünscht als passives Geschöpf, dem etwas widerfuhr, der mit etwas fertig werden musste. Der Zeitzeuge, wie er in den Medien vorgesehen ist, ist der brave Bürger, der das, was mit ihm angestellt wurde und wozu er gezwungen wurde, als schicksalhaftes „Erlebnis" verbucht, mit dem man fertig werden musste. Ein „Erlebnis", das eben durchaus auch „schrecklich" gewesen sein kann. Der Zeitzeuge beglaubigt nicht – wie der Tat- oder Augenzeuge – Geschehnisse, die außerhalb von ihm stattgefunden haben. Er dokumentiert mit seiner Erzählung vielmehr „eine raum-zeitliche Gesamtheit" und autorisiert

„eine bestimmte Sicht gleichsam von innen als Träger von Erfahrung und nicht von außen als deutender Beobachter“ (Sabrow 2008).

Über das Verhältnis der Zeitzeugen zu den Geschichtswissenschaftlern kursiert das Bonmot, dass der Zeitzeuge der erste Feind des (Zeit-) Historikers sei. Damit wird auf das Phänomen verwiesen, dass die Erzählung des Zeitzeugen in der (medialen) Öffentlichkeit meistens auf mehr Resonanz stößt als die Darstellung eines Historikers. Dies wird im Allgemeinen zurückgeführt auf die größere Lebendigkeit und den besonderen Authentizitätsanspruch des Zeitzeugenberichtes gegenüber anderen historischen Erzählungen. Der Zeitzeuge steht meistens für den Menschen „wie du und ich“. Und bei dem handelt es sich eben nicht um einen Wissenschaftler, der distanziert-analytisch über das Geschehen nachdenkt, sondern um einen Menschen, der innerhalb des Geschehens, über das er berichtet, sein Leben geführt hat und es weiter führen musste, nachdem das Geschehen vergangen war.

Niemand ist von sich aus ein „Zeitzeuge“, obwohl jeder es ohne Probleme werden kann. Man wird zum Zeitzeugen, indem man von jemand befragt wird, der seinerseits an früheren Zeiten interessiert ist. Die Zuerkennung des Zeitzeugen-Status liegt bei dem, von dem die Sammlung der Erinnerungen ausgeht: Er entscheidet, wer als Zeitzeuge in Frage kommt und wer nicht. Die Anfrage, ob man sich nicht als Zeitzeuge zur Verfügung stellen möchte, kommt für so manchen überraschend, weil man sich selber noch gar nicht so alt fühlt. Man merkt dann plötzlich am Interesse der anderen für die eigene Vergangenheit, dass diese Vergangenheit nicht mehr als selbstverständlich präsent angesehen wird.

Auswahl und Karriere von Zeitzeugen orientieren sich immer auch an moralischen Kriterien. So wird der Regisseur eines historischen Dokumentarfilms darauf achten, dass die Zeitzeugenaussagen der moralisch-politischen Tendenz des Films nicht widersprechen. Er wird auch darauf achten, dass „Täter“ entweder gar nicht oder nur sehr kurz zu Wort kommen. Beispielsweise handelt es sich bei dem ehemaligen Direktor eines Gefängnisses der Staatssicherheit oder eines Konzentrationslagers sicherlich auch um Zeitzeugen; es ist aber relativ unwahrscheinlich, dass sie als solche öffentlich ihre Perspektive werden äußern dürfen. Als maßgebliche Subjekte des Terrors und der Vernichtung haben sie es in den Augen der Öffentlichkeit nicht verdient, von ihrem Leben in einer Form und in einem Ausmaß zu berichten, wie man es den Opfern einräumt. „Unvorstellbar, dass ein Zeitzeuge sich im Studio immer noch als Teil dessen darstellt, von dem er zeugt. Ein bekennender Nazi, ein eifernder Kommunist taugen nicht als Zeitzeuge“ (Sabrow 2008, 15). Als Zeitzeuge kommt also nur in Frage, wer den Maßstäben des öffentlichen Geschichtsbewusstseins nicht widerspricht. Täter sind deshalb per se keine Zeitzeugen. Man will meistens nur das Zeugnis hören und medial verbreiten, das dem eigenen Selbstverständnis als einer humanen und demokratischen Gesellschaft entspricht.

Im Typus des Zeitzeugen lassen die Medien der demokratischen Öffentlichkeit die Bürger mit ihren Erinnerungen am Darstellen von Geschichte partizipieren. Jede einzelne Lebensgeschichte ist als Spiegel früherer Verhältnisse interessant, sogar und vor allem dann, wenn es sich um „schwere Schicksale" handelt.

3.2 Mündliche Überlieferung und Geschichtsschreibung

In nicht-literalen Gesellschaften wird das kulturelle Erbe im Gespräch zwischen den Menschen weiter gegeben. Dies geschieht „in einem Prozeß, dessen Bedingungen dafür sorgen, dass Vergangenheit und Gegenwart in Übereinstimmung gebracht werden" (Goody/Watt 1986, S. 94). Solche Gesellschaften haben eine statische Auffassung von der eigenen Vergangenheit, denn neben der mündlichen Tradition gibt es bei ihnen keine anderen Aufzeichnungen der Vergangenheit, auf die man sich beziehen könnte. Widersprüche bei der mündlichen Weitergabe und bedeutungslos gewordene Elemente werden schnell eingeebnet oder vergessen (ebd.).

In der Antike und im Mittelalter beruhte die Geschichtsschreibung größtenteils auf mündlicher Überlieferung: „Historiker" wie Herodot, Thukydides, Tacitus, Plutarch oder Einhard schrieben ihre Geschichten auf der Grundlage dessen, was ihnen von Zeitgenossen erzählt worden war. Dabei hatten sie durchaus auch ein Bewusstsein davon, dass mündlichen Berichten nicht einfach vertraut werden kann. So hebt Thukydides hervor, bei seiner Darstellung der „Geschichte des Peloponnesischen Krieg" sei es für ihn schwierig gewesen, wörtlich wiederzugeben, was ihm erzählt worden sei. Deshalb stünden die Reden so da, „wie meiner Meinung nach ein jeder in seiner Lage sprechen musste". Die Erforschung der Ereignisse sei mühsam gewesen, „weil die Zeugen der einzelnen Ereignisse nicht dasselbe über dasselbe aussagten, sondern je nach Gunst oder Gedächtnis" (I, 22). Erst die neue wissenschaftliche Geschichtsschreibung, wie sie sich um die Mitte des 19. Jahrhunderts von Deutschland aus durchsetzte, schob die mündliche Überlieferung zur Seite und stützte sich primär auf überprüfbare schriftliche Relikte und Traditionen. Dies war auch inhaltlich durchaus naheliegend, weil die Geschichte der Staaten und Herrscher im Mittelpunkt des wissenschaftlichen Interesses stand. Für diese Themen bot und bietet sich der

Rückgriff auf die schriftliche Überlieferung der Ämter, Behörden und Regierungen an.

Aber auch im 19. und 20. Jahrhundert gab es durchaus einzelne Historiker, die in ihre Untersuchungen die mündlichen Erzählungen von Beteiligten aufnahmen. So griff beispielsweise Jules Michelet für seine berühmte, republikanisch inspirierte Geschichte der Französischen Revolution auch auf die Erinnerungen einfacher Bauern, Bürger, Frauen etc. zurück.[1] Ein anderes Beispiel ist der amerikanische Historiker Hubert Howe Bancroft, der 1884-1890 eine siebzehnbändige History of California veröffentlichte, für die er auch mündliche Erinnerungen von Militärgouverneuren und ersten amerikanischen Siedlern verwendete (vgl. Ritchie 2003, 19f.). Und erst vor wenigen Jahren hat der Mediävist Johannes Fried unter Rückgriff auf Erkenntnisse der neueren Gehirnforschung seine Zunft entschieden darauf hingewiesen, als wie unsicher die in vielen schriftlichen Traditionsquellen festgehaltenen Erinnerungen gelten müssen (Fried 2002; Singer 2001).

Es ist nicht nur die Geschichtsschreibung, die die flüchtige und sich ständig verändernde mündliche Erzählung in ein dauerhaft mit sich identisches schriftliches Dokument verwandelt. Ähnliches passiert, wenn, wie im Fall der Gebrüder Grimm, mündlich weitergegebene Sagen und Märchen erfasst und verschriftlicht werden oder wenn Ethnologen Kommunikationsformen in schriftlosen Gesellschaften festhalten. Solche Transponierungen haben wiederum auf die Weitergabe der mündlichen Überlieferungen Rückwirkungen, indem sie von Erzählern und Zuhörern rezipiert und beim Erzählen bzw. Zuhören berücksichtigt werden.

Als geschichtswissenschaftliche Subdisziplin beruht Oral History beruht aber nicht nur auf der Mündlichkeit als konstitutivem Merkmal. Mehrere weitere Faktoren sind für ihre Forschungsabsichten und ihre Vorgehen charakteristisch. Hierzu gehört zunächst die besondere *narrative Struktur der mündlichen Überlieferungen*, die sich von der schriftlich Überlieferung, wie sie von schrift- und sachkundigen Experten verfasst wird, nicht unerheblich unterscheidet. Ferner wird jede mündlich vorgetragene Geschichte auf eine bestimmte Art geformt bzw. dargeboten. Die Person begleitet ihre Erzählung durch den Gesichtsausdruck, Gesten, Betonungen etc. Die gesamte Art, wie sich der Erzähler präsentiert, die

1 „Das habe ich gefunden, geprüft und festgestellt, entweder aus schriftlichen Zeugnissen, oder durch solche, die ich aus Erzählungen der Greise sammelte. Bleiben wird mir das Wort eines Mannes aus dem Faubourg Saint-Antoine: Wir waren alle da am 10. August und nicht einer am 2. September." Jules Michelet: Geschichte der Französischen Revolution, Buch 1: Ursachen der Revolution und die Ereignisse des Jahres 1789, Frankfurt/M. 1988, S. 63 (Französische Erstausgabe 1847).

Performanz seiner Äußerungen, ist auch Gegenstand der Oral History. Sie ist dies vor allem deshalb, weil es ihr wesentlich um die Erkenntnis der *Subjektivität* der Befragten geht. Neben dem, was mit den Zeitzeugen geschah und was sie taten, interessiert sie sich mindestens ebenso dafür, was die Zeitzeugen sich wünschten und was sie eigentlich tun wollten, was sie damals glaubten zu tun und wie sie in der Gegenwart darüber denken. Eben deshalb sieht Oral History auch in den *Erinnerungen*, nach denen sie fragt, nicht nur Schilderungen, die wegen ihrer unzuverlässigen Wiedergabe vergangenen Geschehens zu problematisieren sind, sondern auch Schilderungen, die darauf verweisen, wie Erinnerung individuell und kollektiv geformt wird. Damit hängt das Bewusstsein eng zusammen, dass mündlich überlieferte Lebenserinnerungen einer permanenten *Wandelbarkeit* unterliegen. Die Geschichte, die heute erzählt wird, kann morgen von derselben Person schon wieder ein klein wenig anders und in einigen Jahren sehr viel anders erzählt werden. Indem die mündliche Geschichte transkribiert und fixiert wird, um sie der wissenschaftlichen Analyse zugänglich zu machen, geht diese Wandelbarkeit verloren. Es ist der Forscher, der durch sein Interesse und sein Nachfragen diesen Schritt vollzieht: Ohne ihn, ohne seine Aufforderung und seine Präsenz, würde die Geschichte nicht, zumindest nicht so erzählt werden, wie sie erzählet wird. Die aufgenommene Geschichte ist ein kollaboratives Produkt des Erzählers und des Zuhörers, bei dem es sich um einen Repräsentanten der Wissenschaft handelt (Abrams, 2010, S. 18 ff.).

Zwei Abgrenzungen sind noch hervorzuheben. Erstens ist Oral History nicht zu verwechseln mit der oralen Weitergabe von Geschichten in einer Gesellschaft. Bei Oral History geht es vielmehr – inhaltlich und formal – um die Erinnerungen von Individuen an das, was sie im Laufe ihres Lebens erfahren haben, insgesamt oder bezogen auf bestimmte Ereignisse und Zeiträume. Zweitens muss klar zwischen Oral History und Autobiografie unterschieden werden, vor allem deshalb, weil die Lebenserzählung auf Initiative des Interviewers und mit Rücksicht auf ihn formuliert wird.

3.3 Entstehung und Entwicklung der Oral History

Das Sammeln und Verschriftlichen von mündlichen Berichten zu mehr oder weniger weit zurückliegenden Ereignissen hat es schon lange vor der Oral History gegeben, jedoch geschah dies mit ganz anderen Absichten als der, typischen Erfahrungs- und Erinnerungsmustern auf die Spur zu kommen (vgl. zur Geschichte der Oral History Niethammer 1978; Niethammer 1980; v. Plato 1991; Thomson 2007; Grele 2007;

Abrams 2010. Neuerdings auch v. Plato 2011). Beispielsweise verhörte der Bischof Jacques Fournier zwischen 1318 und 1325 ungefähr 500 angeklagte Häretiker aus dem Pyrenäendorf Montaillou. Ungefähr 650 Jahre später benutzte der französische Historiker Emmanuel LeRoy Ladurie die damals angefertigten Protokolle für einen ganz anderen Zweck als den, Ketzern den Prozess zu machen: Er rekonstruierte in seinem berühmten Buch „Montaillou" (1979) aus ihnen das Alltagsleben und die Mentalität der Dorfbewohner. Auf ähnliche Art verwendete der amerikanische Historiker John C. Dann für sein Buch über den amerikanischen Unabhängigkeitskrieg (1977) Augenzeugenberichte, die in den Jahren nach 1832 aufgeschrieben worden waren, um staatliche Pensionsansprüche von Kriegsteilnehmern zu begründen (vgl. Ritchie 2003, 118). Die beiden Bücher basieren jeweils auf einer großen Zahl mündlicher Berichte, die schriftlich fixiert wurden. Diese Quellen erlauben einen multiperspektivischen und vielschichtigen Zugriff auf bestimmte Themen. Sie kommen damit der Intention nicht weniger Oral-History-Projekte nahe, möglichst viele und unterschiedliche Stimmen zu einem historischen Geschehen zu erheben. Allerdings sammelt und stimuliert der Historiker die Stimmen von vornherein mit der Absicht, daraus seine Geschichte zu machen.

Lange vor dem Aufkommen der Oral History waren Interviews auch in den Sozial- und Geisteswissenschaften eine gängige Forschungsmethode, v. a. in der Soziologie, der Ethnologie und der Psychologie. Soziologen und Ethnologen führen seit ca. 1920 Interviews, die strukturiert, teil-strukturiert oder offen sein können und die ihnen Daten zur qualitativen Auswertung liefern sollen. Psychologen versuchen, aus dem, was ihnen ihre Patienten aus ihrem Leben erzählen, auf unbewusste Gründe und Hintergründe akuten Leidens zu schließen. Oral Historians können von der forschungspraktischen Kompetenz und dem theoretisch-methodischen Repertoire dieser Disziplinen viel lernen und von der Kooperation mit ihnen profitieren. Allerdings sind sie oftmals nicht im gleichen Maß wie die Geschichtswissenschaft daran interessiert, mittels des Interviews etwas über die Besonderheit früherer Ereignisse und Verhältnisse herauszufinden (vgl. Wierling 2003, 86 f.).

Seit dem Ende des 19. Jahrhunderts kam es in den USA zu Bestrebungen, mündliche Überlieferungen bestimmter Gruppen zu sammeln und zu bewahren. So beauftragte in den 1890er Jahren das U. S. Bureau of Ethnography Forscher damit, Lieder und Geschichten der Native Americans auf Wachszylindern aufzunehmen – eine erste Form des Speicherns von Original-Stimmen. Während der großen Depression in den 1930er Jahren wurden arbeitslose Schriftsteller von der Works Progress Administration dafür bezahlt, die Lebensgeschichten einfacher Bürger (u. a. der Nachfahren ehemaliger Sklaven) aufzuzeichnen. Im Zweiten Weltkrieg schickten die USA auch (Militär-)Historiker und Journalisten an die Front, um mit Blick auf eine spätere präzise und lebendige Schilderung der Tagesereignisse unmittelbar nach Kämpfen die Berichte beteiligter Soldaten aufzunehmen (vgl. Ritchie 2003, 21 f.).

1948 wurde dann an der Columbia Universität das Columbia Oral History Research Office gegründet. Ähnliche Projekte wurden an kalifornischen Universitäten in Berkeley (1954) und Los Angeles (1958) ins Leben gerufen. Parallel hierzu wurde auf höchster politischer Ebene damit begonnen, die Tätigkeit von Präsidenten auch durch mündliche Erinnerungen enger Mitarbeiter zu dokumentieren. Die frühe Oral History, die in den USA in den 1950er und 1960er Jahren betrieben wurde, fand im allgemeinen zum Zweck der Elitenbiografik statt und berücksichtigte deshalb hauptsächlich Kabinett-Mitglieder, Senatoren, Unternehmensdirektoren, erfolgreiche Künstler etc. In der Bundesrepublik Deutschland gab es in den ersten zwei Jahrzehnten nach dem Ende des Zweiten Weltkriegs vor allem ein größeres Projekt, in dessen Rahmen in großer Zahl mündliche und schriftliche autobiografische Zeugnisse gesammelt wurden: Die von Theodor Schieder zwischen 1954 und 1963 herausgegebene „Dokumentation der Vertreibung der Deutschen aus Ostmitteleuropa". Es handelte sich hierbei um ein politisch motiviertes (und finanziertes) Projekt, das Belegmaterial sammeln sollte für das vermeintliche „Unrecht", dass Deutschen in „Ostmitteleuropa" am Ende des Zweiten Weltkriegs widerfahren sein soll.

Im Nachgang der Ideen und Motive der Protestbewegungen der 1960er Jahre wurde seit ca. 1970 Oral History in verschiedenen Ländern verstärkt für eine „Geschichte von unten" eingesetzt. Träger dieses Anliegens waren oftmals weniger professionelle Historiker als vielmehr politisch engagierte historische Laien, die sich beispielsweise in lokalen „Geschichtswerkstätten" zusammengeschlossen hatten. Oral History verstand und versteht sich zum Teil immer noch als ein politisches Vorhaben, das zumindest nachträglich denjenigen eine „Stimme" geben sollte, die entweder Opfer (und nicht Sieger) der Geschichte waren oder deren Leben wegen seiner Alltäglichkeit und Banalität als nicht-berichtenswert angesehen wurde – der so genannten „stummen Gruppen". Den Oral Historians ging es insbesondere um die moralische und politische Anerkennung solcher sozialen Gruppen, die ihrer Ansicht nach immer noch gesellschaftlich benachteiligt waren oder diskriminiert wurden: Schwarze, Frauen, Arbeiter, Homosexuelle etc. Deren Lebenserfahrungen genauso zu sammeln und zu bewahren wie die der Mächtigen, Reichen und Berühmten galt als ein Ausdruck demokratischer Wertschätzung und als Beitrag zu ihrer Emanzipation. Begünstigt wurde diese Intention durch eine technische Entwicklung – die Erfindung und Verbreitung preisgünstiger tragbarer Audio- und Videorecorder.

Befragt wurden und werden: Überlebende des Holocaust, politische Verfolgte, Arbeiter, Arbeiterfrauen, Lesben und Schwule etc.; neuerdings auch oft politisch Verfolgte aus der DDR. Schon Thompson (1988, 265) hob am Ende seines Buches hervor, man bewege sich „towards a history which is more personal, more social, and more democratic". Und sein Buch endet mit dem Satz: „Oral History gives history back to the people in their own words. And in giving a past, it helps them towards a future of their own making" (ebd.). Das emanzipatorisch-kritische Anliegen und die Empathie mit den Schwachen, Benachteiligten und Geschädigten lässt es als moralisch fragwürdig erscheinen, sich den „Tätern" und den „Profiteuren" auf ähnliche Weise zu nähern. Oral History kann unter gewissen Umständen allerdings durchaus auch dazu dienen, die Geschichte solcher Gruppen und Personen zu erforschen, die als undemokratisch und rassistisch beurteilt werden. So hat beispielsweise Kathleen Blee um 1985 in Indiana ehemalige Ku Klux Klan-Mitglieder interviewt. Sie war überrascht von der Offenheit mit der sie jenseits jeder selbstkritischen Reflexion ihre verharmlosenden und relativierenden Rechtfertigungsnarrative vortrugen (Blee 1998).

Berühmt wurden u. a. die Bücher von Stud Terkel, einem auf Lebensinterviews spezialisierten Radiomoderator aus Chicago, über die Erinnerungen der Menschen an die Weltwirtschaftskrise („Hard Times", 1970), an die industrielle Arbeitswelt („Working", 1974) und an den Zweiten Weltkrieg („The Good War", 1984). In ähnlicher Weise regte der Roman „Roots" (1976) von Alex Haley, der gleich ein Jahr nach seinem Erscheinen im Fernsehen als Serie ausgestrahlt wurde, Einwanderer in die USA (v. a. Afroamerikaner) dazu an, über Interviews ihre Familiengeschichte zu erkunden. In der Bundesrepublik fand das „LUSIR"-Projekt (*L*ebensgeschichte *u*nd *S*ozialkultur *i*m *R*uhrgebiet. 1930-1960) über das Leben von Arbeitern im Ruhrgebiet während des Nationalsozialismus und in der Nachkriegszeit besondere Beachtung (Niethammer 1983/84). Eine ähnliche Untersuchung wurde wenige Jahre später zur Geschichte der DDR durchgeführt (Niethammer/Plato/Wierling 1991). Heutzutage konzentrieren sich neuere Forschungen zur Oral History in Deutschland häufig auf die Geschichte der DDR und die Umbruchprozesse nach 1989 (z. B. Bauer 2006 über die Unterdrückungsmechanismen in der DDR in den 1970er/80er Jahren; Obertreis/Stephan 2009 über die postsozialistische Gesellschaft).

Einwände (insbesondere von Historikern) gegen Zeitzeugeninterviews argumentier(t)en oftmals damit, dass die erfragten Erinnerungen „subjektiv" und deshalb für eine zuverlässige Rekonstruktion der vergangenen Realität nicht geeignet seien. Dagegen wird einerseits darauf verwiesen, dass sehr viele der archivalischen Quellen, auf denen geschichtswissenschaftliche Arbeiten zumeist beruhen, auch einen subjektiven, zumindest einen perspektivischen Charakter haben, der durch Quellenkritik erschlossen und bei der Darstellung entsprechend berücksichtigt werden muss. Noch wichtiger ist aber andererseits der Hinweis, dass die bei erfahrungsgeschichtlichen Untersuchungen zu Tage geförderten Erinnerungen gar nicht dem Zweck einer genauen Rekonstruktion realer Ereignisse oder Verhältnisse dienen sollen. Vielmehr geht es um die „Verarbeitung früherer Erlebnisse und Erinnerungen" (Plato 2000, 8). Und diese Verarbeitung erfolgt im Rahmen einer bestimmten Erinnerungskultur und in bestimmten Erzählformen. „Wir erinnern uns schon in einer Weise, die auf kollektive Sozialisationsinstanzen verweist, im Rahmen von Kollektiven, die Erinnerungen oder Wahrnehmungen aufnehmen, bestätigen oder ablehnen, und wir erzählen von Erlebnissen in Erzählformen, die ihrerseits Erinnerungen strukturieren" (Plato 2000, 10). Solche Kollektive können Familien, Milieus, Sub- oder Parallelkulturen oder Nationen sein, und bei solchen Erzählformen kann es sich um Witze, Tragödien, Dramen, Konventionen der Lebenslaufdarstellung etc. handeln. Dabei kann man keineswegs immer sicher sein, sich in den so vergemeinschafteten individuellen Erinnerungen auf Dauer „heimisch" zu fühlen: Wenn – aus welchen Gründen auch immer – die Gruppe, auf die die eigenen Erinnerungen bezogen sind, an Bedeutung verliert, so kann auch die eigene, für authentisch gehaltene Erinnerung plötzlich in Frage gestellt werden. Für nicht wenige „Frontsoldaten" des Zweiten Weltkriegs war beispielsweise die „Wehrmachtsausstellung" ein Zumutung, weil sie dem bis dahin auch von der Öffentlichkeit und den Medien geteilten exkulpierenden Bild von der „sauberen Wehrmacht" widersprach. Ähnlich dürften manche kommunistischen Antifaschisten in der Ex-DDR empfunden haben, als ihre Erinnerungen nach der Wende nicht mehr als Staatsideologie wertgeschätzt wurden.

Es ist auffällig, wie im Verhältnis zwischen Zeitzeugen, Geschichtswissenschaft und Oral History immer wieder die Befürchtung aufschien und aufscheint, der eine würde dem anderen „seine" Geschichte wegnehmen. In ihrer Entstehungszeit wurde der Oral History in Deutschland von nicht wenigen Historikern die Anerkennung als Wissenschaft versagt, weil sie methodisch und inhaltlich als zu subjektivistisch angesehen wurde. Umgekehrt musste sich die Geschichtsschreibung den Vorwurf gefallen lassen, bei ihr kämen die Subjekte lediglich als Beeinträchtigungsfaktor von Quellen, nicht aber als eigene Forschungsobjekte nicht. In seiner autobiografischen Erzählung „Out of Shelter" (1989) charakterisiert der englische Schriftsteller und Literaturwissenschaftler David Lodge die Historiografie dadurch, dass sie das Urteil „of those who weren't there on those who were there" sei (Ritchie 2003, S. 27). Angesichts der Allgegenwart der Zeitzeugen in den heutigen Medien scheint wiederum die Geschichtswissenschaft in die Defensive geraten zu sein: „Zeitzeugen als natürliche Feinde der historischen Zunft" – so lautete der Titel einer Tagung im Institut für Geschichte und Biografie der Fernuniversität Hagen im Jahr 2000.

3.4 Mündliche Überlieferung in der medialen Geschichtskultur

Audiovisuelle Medien haben heutzutage auch für die Vermittlung historischer Inhalte eminente Bedeutung. Fernsehanstalten verfügen über eigene Geschichtsredaktionen (z. B. BBC, ZDF etc.) und veranlassen historische Spiel- und Fernsehfilme. Und bestimmte Fernsehkanäle (z. B. Phoenix) bestreiten einen Großteil ihres Programms mit historischen Dokumentationen. Damit wird eine ausgeprägte Nachfrage nach historischen Informationen und Darstellungen bedient und verstärkt, auf die sich auch andere Medien und Veranstaltungen wie z. B. historische Romane und Comics oder Ausstellungen und Events beziehen. Dieser Markt, der in den letzten zwei Jahrzehnten stark expandierte, ist im Allgemeinen nur lose mit der Geschichtswissenschaft verknüpft, obwohl in den Studios, Verlagen und Organisationsbüros sicherlich viele studierte Historiker beschäftigt sind. Einen gemeinsamen institutionalisierten Raum der Reflexion und der Debatte über das Verhältnis von wissenschaftlichen Standards und mediengerechter Darstellungsweise gibt es nicht (vgl. Lindenberger 2004).

Zeithistorische Themen werden in den Medien besonders gerne aufgegriffen, weil sie publikumsnah sind. Die älteren Zuschauer haben viele Ereignisse persönlich miterlebt, die jüngeren Zuschauer kennen vieles aus den Erzählungen der Älteren. Bei den zeithistorischen Sendungen ist in den letzten Jahrzehnten wiederum der Typus des Zeitzeugen zu einem prägenden Bestandteil geworden. Und so skeptisch die etablierte Geschichtswissenschaft einst gegen der Oral History war, so skeptisch sind inzwischen beide Richtungen gegen das inflationäre Auftreten von Zeitzeugen in dokumentarischen Mediensendungen. Das Publikum scheint den Zeitzeugen interessanter zu finden als den Historiker, es scheint die persönliche Erinnerung der wissenschaftlichen Darstellung und Erklärung vorzuziehen. Aber warum eigentlich?

Lange Zeit dominierten in zeithistorischen Fernsehsendungen wissenschaftliche Experten, die den Zuschauern die vergangenen Ereignisse erklärten. Es wurde z. B. ein Zusammenschnitt aus Wochenschaubeiträgen gezeigt und anschließend saßen sich im Studio ein Moderator und ein Wissenschaftler gegenüber und ersterer stellte letzterem unterwürfige Fragen, die dann autoritativ beantwortet wurden. Diese Art von dokumentarischem Fernsehen gilt heutzutage als veraltet. Sie wurde seit den 1970er-Jahren abgelöst durch das inszenierte Auftreten der Zeitzeugen, von Menschen, die auf irgendeine Art beim historischen Geschehen „dabei" waren und Jahre oder Jahrzehnte später bereit sind, ihre Geschichten vor laufender Kamera für die mediale Öffentlichkeit zu erzählen. Man kann diese Entwicklung beispielsweise sehr gut daran verfolgen, wie sich seit den 1950er-Jahren der Typus Zeitzeuge in Fernsehsendungen zum Thema Holocaust allmählich durchgesetzt hat (Bösch 2008).

Für den Zuschauer wird in der Gestalt des Zeitzeugen Geschichte als persönliches Erleben greifbar: Der konkrete Mensch, den man sieht und hört, ist auf irgendeine Art von dem, was er erzählt, betroffen gewesen und hat es – mehr oder weniger gut – „verarbeitet". Der Zeitzeuge war „dabei", er kann „aus erster Hand" berichten. So folgt die Verwendung von Zeitzeugen zum Thema „Nationalsozialismus" im bundesdeutschen Fernsehen der Tendenz einer Transformation der Zeugen in Zeitzeugen, ihre Funktion verschiebt sich von der Beglaubigung der Fakten zur Affizierung der Zuschauer und der Bildungsanspruch der Sendungen (historische Aufklärung) wird durch das Ziel der emotionalen Beteiligung überlagert" (vgl. Keilbach 2008, S. 142).

Es soll aber auch eine emotionale Beteiligung mit moralischer Legitimität sein. Nicht jeder, der dabei war, wird von den Medien als Zeitzeuge in Szene gesetzt: Wer Täter war, wer auf irgendeine Art schuldig geworden ist, kommt kaum zu Wort (Eine Ausnahme: Lagerstraße Auschwitz, 1979; vgl. Keilbach 2008, S. 166-181). Das war in den Anfängen des Auftretens von Zeitzeugen im Fernsehen noch nicht so ausgeprägt (vgl. Bösch 2008, 63 f.). Schon anders sieht es aber mit denjenigen aus, die in der Nähe der Täter waren, allerdings dürfen diese Zeitzeugen keine Sympathie mit den Tätern zeigen. In erster Linie kommen aber unschuldige Opfer und unschuldig Betroffene zu Wort

– so sie sich denn mit dieser Rolle identifizieren und sich nicht etwa zu abweichend oder unpassend äußern. Opfer-Zeitzeugen dominieren die Dokumentationen umso mehr, je mehr bei einem Thema die Seite der moralisch-juristischen Verurteilung betont wird. Die Maßstäbe hierfür werden in der Regel der aktuellen Geschichts- und Erinnerungspolitik entnommen. Der Zeitzeuge soll natürlich „dabei" gewesen sein, aber er soll auch so von dem Damals berichten, dass das gewünschte und verbreitete Bild von den guten und schweren Zeiten, von den Tätern und Opfern bestätigt wird. Sehr präzise hat dies beispielsweise Stremmel (2010, S. 474 f.) am Einsatz von Zeitzeugen in dem Film „Das Schweigen der Quandts" nachgewiesen. Konrad Jarausch (Zeitgeschichte und Erinnerung. In: Jarausch/Sabrow 2002, S. 9-37, S. 10) spricht von dem „Konflikt zwischen dem moralisierenden Duktus der Erinnerung und dem rationalen Erklärungsanspruch der Forschung". Das Verfahren der Emotionalisierung durch die Vorstellung konkreter „Schicksale" oder „Betroffener", die unmittelbar „berühren", kommt aber nicht nur bei historischen Themen vor. Es ist ein Muster, das in heutigen Fernsehnachrichten immerzu eingesetzt wird: Ob über Negatives oder Positives, ob über Leid oder Freude berichtet wird, die „Stimme des Volkes" muss zu Wort kommen – allerdings in einer Auswahl, die zum Tenor der Nachricht passt.

Zeitzeugen im Fernsehen werden nicht mit Blick auf ein mögliches Verbrechen vernommen; sie werden deshalb auch nicht öffentlich auf ihre Glaubwürdigkeit hin geprüft. Sie bezeugen keine eigene Wahrnehmung, die der Aufklärung eines Straftatbestandes dienen soll, sondern sie liefern mit ihren Erinnerungen den Filmemachern Material, das diese dazu verwenden, Geschichte unterhaltsam und „menschlich" zu erzählen. Die Aussagen der Zeitzeugen werden dementsprechend gekürzt, montiert und kombiniert. Die Präsentation der Zeitzeugen im Film soll nichts Ablenkendes, Störendes und Irritierendes enthalten, was so weit geht, dass sie zumeist vor einem einheitlichen, neutralen Hintergrund gezeigt werden.

Der audiovisuell gespeicherte und so jederzeit zugänglich Zeitzeuge verändert in einem gewissen Maß das Verhältnis zwischen kommunikativem und kulturellem Gedächtnis (zu dieser Unterscheidung siehe S. 42 ff.). Wenn der Zeitzeuge stirbt, so bleibt von ihm nicht nur wie in früheren Zeiten das, was er eventuell über sich und sein Leben geschrieben hat, sondern auch seine Stimme und sein (gefilmtes) Aussehen beim Erzählen. Auf diese Art wird es in Zukunft in einem immer größeren Maße möglich sein, den „Zeitzeugen" auch in das kulturelle Gedächtnis zu überführen. Dabei ist er im strengen Sinn allerdings kein

Zeitzeuge mehr: Die Erzählung wurde an einem bestimmten Ort und zu einer bestimmten Zeit aufgenommen, zeugt somit davon, wie er sich in dieser speziellen Situation erinnert hat. Der konservierte Zeitzeuge veraltet, ohne zu altern und wird deswegen trotz seiner Unmittelbarkeit im Verlauf der Zeit für den Zuschauer bzw. Zuhörer immer fremder.

4. Erinnerung und Gedächtnis

4.1 Erinnerung und Gedächtnis

Um die Eigenart von Zeitzeugeninterviews besser verstehen und einschätzen zu können, sind einige Ausführungen zum Erinnern und zum Gedächtnis notwendig (als Einführung in die Thematik bietet sich Vester 1995 an).

„Erinnern“ ist eine fundamentale geistige Tätigkeit, durch die sich das Subjekt frühere Wahrnehmungen und Erlebnisse sowie Vorstellungen, Empfindungen und Gedanken bewusst macht. Dieses Hervortreten von Inhalten aus dem Gedächtnis passiert einerseits unwillkürlich und nahezu automatisch bei jedem Denkakt. Tagtäglich verlassen wir uns auf unser Gedächtnis bei allen Akten des Wiedererkennens. Und wir sind besorgt, wenn das Selbstverständliche einmal nicht funktioniert oder wenn sich gar andeutet, dass die „Lücken“ etwas mit unserem fortschreitenden Alter zu tun haben könnten. Erinnerungen können aber auch absichtsvoll und bewusst hervorrufen werden, z. B. zu bestimmten Ereignissen oder Lebensabschnitten. Immer wieder stehen wir vor dem Problem, uns an bestimmte Dinge zunächst nur noch bruchstückhaft und ungenau erinnern zu können, sodass wir Anstrengungen unternehmen, um uns genauer zu entsinnen – was mal besser, mal schlechter gelingt. Ferner können uns plötzlich, ausgelöst durch zufällige Assoziationen, wieder Geschehnisse oder Personen einfallen, von denen wir glaubten, sie längst vergessen zu haben. Manchmal braucht es für solche Rückblicke nur eines kleinen Auslösers, einer Einzelheit, z. B. eines Geruchs, einer Melodie, einer Ähnlichkeit etc. Marcel Proust hat diese Art des Denkens in „Les temps perdus“ literarisch verewigt. Es gibt schließlich auch absichtlich oder unabsichtlich herbei geführte Situationen, in denen das Erinnern ganz oder teilweise zum Selbstzweck wird: Wenn man etwa nach längerer Zeit Menschen wieder trifft, mit denen man früher mehr zu tun hatte (z. B. einen alten Freund oder Klassenkameraden), so stachelt das gemeinsame Gespräch oftmals regelrecht dazu an, in der Rückschau noch mal die gemeinsame Zeit aufleben zu lassen – also „in Erinnerungen zu schwelgen“.

Zum Erinnern gehört untrennbar das Vergessen. Schon das, was im Gedächtnis „gespeichert“ wird, bildet nur einen Teil oder Ausschnitt der ehemaligen äußeren oder inneren Realität, die sich uns eingeprägt hat. Im konkreten Erinnerungsvorgang erfolgt dann ein Zugriff auf das Gedächtnis, der seinerseits sehr selektiv ist. Das alltägliche Erinnern ist ein permanenter Prozess des Abstrahierens von jenen Elementen und Ebenen des Gedächtnisses, die für die Lebensbewältigung gerade nicht benötigt werden. Darüber verfallen viele Inhalte der Amnesie. Würden wir nicht vergessen, wäre uns also unsere vergangenen Wahrnehmungen, Gedanken und Gefühle in toto präsent, wären wir lebensuntüchtig. So verlieren wir große Teile „unserer Zeit“ ständig aus dem Sinn und keine noch so detailbesessene Sehnsucht nach der „verlorenen Zeit“ kann dem entgehen.

Die Psychologie unterscheidet zwischen dem sensorischen oder Ultrakurzzeit-, dem Arbeits- oder Kurzzeit- und dem Langzeitgedächtnis. Das Ultrakurzeitgedächtnis nimmt die unmittelbaren Eindrücke für ca. 20 Sekunden auf. Diese Eindrücke werden mit den bestehenden Gedächtnisinhalten verglichen, gegebenenfalls wiedererkannt und geordnet und in das zeitlich und kapazitär begrenzte Kurzzeitgedächtnis übernommen. Von hier aus werden sie dem unbegrenzt speicherfähigen Langzeitgedächtnis hinzu gefügt.

Zeitzeugenbefragungen haben Inhalte und Strukturen des Langzeitgedächtnisses zum Gegenstand, weshalb es etwas ausführlicher dargestellt werden soll. Das LZG setzt sich seinerseits zusammen aus a) dem deklarativen Gedächtnis, der Rückbesinnung auf bestimmte Ereignisse und Erlebnisse, und b) dem nicht-deklarativen (impliziten) Gedächtnis, das unbewusst ablaufende Prozesse bzw. Ablaufmuster (skills) enthält, die einstmals erlernt und dann automatisiert wurden (z. B. das Maschineschreiben mit zehn Fingern oder Reflexe bei Sportarten). Das deklarative Gedächtnis ist wiederum in das episodische und in das semantische Gedächtnis unterteilt. Das episodische (oder autobiografische) Gedächtnis enthält detaillierte zeitverlaufsgebundene (serielle) Informationen über erlebte Erfahrungen – seien es die eigenen, seien es die mitgeteilten Erfahrungen anderer. Das semantische Gedächtnis hingegen umfasst das konzeptuell verbundene und organisierte „Weltwissen“ einer Person, z. B. ihr Wissen über Sprach- oder Rechenoperationen (Schneider/Büttner 1998, S. 656f.; vgl. auch Markowitsch 2000, S. 40). Es gibt eine Reihe von Hypothesen dazu, wo welcher Bereich des Gedächtnisses im Gehirn verortet ist, jedoch liegen hierzu keine definitiven Erkenntnisse vor.

Für die Tätigkeit des Gedächtnisses sind die Prozesse der Enkodierung, Speicherung und Dekodierung wichtig, also wie Umweltreize in bestimmte Formen des Gedächtnisses, v. a. des LZG, verwandelt, dort abgelagert und bei Bedarf durch Anstoß von außen oder durch eigene Aktivität wieder abgerufen werden können. Empirische Untersuchungen der psychologischen und neurowissenschaftlichen Kognitions- und Hirnforschung ergeben, dass Gedächtnisdefizite durch nicht korrekte oder nicht ausreichende Enkodierung, durch eine falsche Einspeicherung und durch Verlust oder Unterbrechung des Zugangs zu den abgelagerten Informationen entstehen können.

Befragungen von Zeitzeugen richten sich vorwiegend auf das episodische bzw. autobiografische Gedächtnis. Es enthält nicht nur konkrete Fakten aus der Lebensgeschichte, sondern es ordnet die Erfahrungen und Eindrücke auch flexibel auf verschiedenen Abstraktionsebenen:

- die Ebene der Vergegenwärtigung bestimmter Einzelheiten früherer Ereignisse und Verhältnisse;
- die Ebene der Generalisierung sich wiederholender Ereignisse;
- die Ebene der thematischen Ausweitungen, mittels derer sich das Selbst über einen längeren Zeitraum interpretiert;
- die Ebene der Generalisierung der prozess- oder epochenspezifischen Erfahrungen, sofern sie Bedeutung vermitteln;
- die Ebene von Grundstimmungen, innerhalb derer bestimmte Erinnerungsstufen mit Bewertungen und Gefühlslagen verbunden werden (Heinrich 2002, S. 24).

Die Gedächtnisforschung hat festgestellt, dass Menschen sich am besten und intensivsten an die späte Adoleszenz und das junge Erwachsenenalter erinnern (Conway/Rubin 1993).

Es lässt sich eine Reihe von Bedingungen nennen, denen Erinnerungen unterliegen. So wird die Wahrnehmung des Geschehens schon auf der unbewussten Ebene dadurch beeinflusst, ob man an ihm aktiv beteiligt ist oder nicht, an welchen intuitiven Darstellungsmustern man sich orientiert und ob Wahrnehmungen durch Wiederholungen verstärkt werden. Unbewusst wirken auch die von „Handlungserwartungen gelenkten [...] Wissensvorgaben einer jeden Wahrnehmung" sowie die „Anzahl und Dichte der Geschehnisse, die ein Gedächtnis in der nämlichen Zeit verarbeiten muss". Zeugen werden deshalb Informationen auswählen und aus ihnen Geschichten konstruieren, „mit sich selbst in dem eigentümlichen Licht des eigenen Beteiligt- und Ergriffenseins". Solche Geschichten können durchaus kanonisierte Elemente enthalten, die in späteren Erzählungen wiederholt werden. Hinzu kommen Tendenzen beim Erinnern, gleichartige Erlebnisse zu vermischen, zeitlich Fernes durch zeitlich Näheres zu überformen oder zu verdrängen, die „Mehrdeutigkeit eingehender Signale" zu übersehen sowie die Bereitschaft inversiv zu berichten, d. h. Früheres später und Späteres früher einzuordnen. Ferner ist jede erzählte Erinnerung von Situationen abhängig, einerseits von der Situation, in der sie abgerufen wird, andererseits von der Situation der Wahrnehmung bzw. Enkodierung des Geschehens. Auch wenn somit ein Zeuge nicht das beschreibt, was tatsächlich geschah, so ist er sich doch seiner Erinnerung absolut gewiss („Gewissheitssyndrom"). Schließlich kommt noch ein sekundärer „Verformungsfaktor" hinzu, „vielleicht der wirksamste, für den Historiker gewiss am schwierigsten zu durchschauende", nämlich die Art und Weise wie ein Zeuge „oder genauer: wie sein Hirn dies alles in einen Zusammenhang bringt und miteinander ‚verrechnet'" (vgl. Fried 2005, S. 50 ff.). Wie das Subjekt seine Erinnerung an das Bild anpasst, das es gerne von sich haben möchte, hat Friedrich Nietzsche prägnant formuliert: „Das habe ich getan, sagt mein Gedächtnis. Das kann ich nicht getan haben, sagt mein Stolz und bleibt unerbittlich. Endlich – gibt das Gedächtnis nach" (Nietzsche 1988, S. 86).

Aus diesen Gründen sind Erinnerungsprozesse nicht steuer- und vorhersagbar. Erkenn- und erklärbar ist allenfalls die erzählte Erinnerung. Wird sie aber festgehalten – aufgezeichnet oder aufgeschrieben –, so muss in ihr immer die Erinnerung des bestimmten Menschen zu einem bestimmten Zeitpunkt gesehen werden. Erinnerungen bleiben also nicht ein für alle Mal mit sich identisch. Sie werden von Erzählung zu Erzählung mehr oder weniger stark modifiziert, weil sie immer „mit einer Aktualisierung der Perspektive verbunden (sind), aus der die erinnerten Inhalte wahrgenommen werden." (Singer 2000, S. 24) Die originäre Perspektive wird durch alle weiteren Erfahrungen verändert, die der Beobachter seitdem gemacht hat. Nichtsdestotrotz bleibt der Erzählende fest überzeugt, die authentische Ersterfahrung mitzuteilen. In ähnlicher Weise passiert es auch immer wieder, dass felsenfest über etwas berichtet wird, das man glaubt, erlebt zu haben, das man aber nachweislich gar nicht erlebt hat.

In den letzten Jahrzehnten ist das Thema „Erinnern und Vergessen" in den Geistes- und Sozialwissenschaften breit erforscht und diskutiert worden. Hierzu hat die Hinwendung zu kulturalistischen und konstruktivistischen Ansätzen wesentlich beigetragen. Ein zentraler Strang der Argumentation hebt dabei hervor, dass die Erinnerungen und die Gedächtnisinhalte schon von ihrem Ursprung her prinzipiell selektiv und perspektivisch sind und sich zudem unter dem Einfluss der weiteren Lebensumstände im Laufe der Zeit bei ein und derselben Person erheblich verändern. Auf diese Art wird der Realitätsbezug von Erinnerungen grundsätzlich in Frage gestellt bzw. neu bestimmt. Wer sich erinnert, berichtet demnach lediglich über seine Vorstellung von der von ihm erlebten und wahrgenommenen vergangenen Realität und kann somit keine Wahrheit oder Objektivität beanspruchen. Es wird gern gesagt, die Erinnerung und das Gedächtnis seien nicht zuverlässig; sie enthielten das einst Erfahrene und Wahrgenommene nicht so, wie es „wirklich" war, sondern in einer vom Subjekt geprägten Form.

Das stimmt einerseits, ist aber andererseits trivial. Denn wie das Denken überhaupt so stehen auch Gedächtnis und Erinnerung zu der Realität überhaupt nicht in einem Verhältnis der Abbildung, Widerspiegelung oder Entsprechung. Wozu wäre eine solche Verdoppelung der (vergangenen) Realität auch gut? Deshalb ist es unpassend, das Erinnern grundsätzlich als defizitär zu betrachten – wird doch damit an die geistige Operation ein Maßstab angelegt, den sie als solche gar nicht haben kann, weil sie je schon über das reine Reproduzieren hinaus geht. Man sollte vielmehr zunächst hervorheben, wie Erinnerung und Gedächtnis als bestimmte Formen oder Stufen des Denkens bzw. des Bewusstseins positiv bestimmt sind. Die Erinnerung macht dem Subjekt frühere Wahrnehmungen und Empfindungen als Bild zugänglich. Das Gedächtnis hingegen ist als das Auswendige der Intelligenz wesentlich auf Sprache angewiesen: „So werden die Worte zu einem vom Gedanken belebten Dasein. Dies Dasein ist unseren Gedanken absolut notwendig. [...] Ohne Worte denken zu wollen, [...] erscheint daher als eine Unvernunft" (Hegel, Enzyklopädie, § 462, S. 280).

An was erinnert man sich eigentlich? Das Erinnerungsvermögen ist kein neutraler Speicher, in dem in einem – wie auch immer bestimmten – Entsprechungsverhältnis all das enthalten ist, was man mal gesehen, gehört und empfunden hat. Schon die unmittelbare Wahrnehmung ist mindestens ebenso gelenkt und damit selektiv wie das Behalten und das Reproduzieren. Werden doch viele Sachverhalte von vornherein als etwas Allgemeines wahrgenommen: Man achtet auf viele Einzelheiten nicht, weil man sich auf das konzentriert, was einem im Moment wesentlich und interessant erscheint. Mit anderen Worten: Als denkendes Wesen verhält man sich permanent abstrahierend zu seiner Umwelt. Selbst in den Fällen, in denen eine zufällige Einzelheit im Sinn bleibt, hat dies häufig damit zu tun, dass sie auf irgendeine Art von dem abweicht, was man allgemein erwartet. Dann fällt beispielsweise jemand als besonders schön oder hässlich, schlau oder dumm, rücksichtsvoll oder brutal auf.

So erklärt sich auch die (vermeintlich) deutliche Erinnerung an so genannte „Schlüsselereignisse", von denen man glaubt, dass sie für das eigene Leben besonders wichtig waren: Zufälle und Unfälle, die beruflich oder privat Weichen stellten – im positiven oder im negativen Sinn. Und ähnlich verhält es sich mit den verschiedenen „ersten Malen", die ein neues Kapitel der Lebensgeschichte aufschlugen: Einschulung, erster Kuss, erste große Liebe, erstes Kind, Outcoming etc. Oftmals zelebriert und ritualisiert die Gesellschaft solche Ereignisse aber auch, hebt also ihrerseits ihre Bedeutsamkeit hervor und trägt damit dazu bei, dass sie sich besonders in die individuelle Erinnerung einprägen. Die Etappen des Hineinwachsens und Hineinwerfens in die (bürgerliche) Gesellschaft werden gerne als Highlights inszeniert.

Längst nicht alles, was man erlebt und erlebt hat, will man auch erinnern. An manches möchte man sich aber auch immerzu erinnern. Manches gefällt einem am eigenen Leben, anderes möchte man eigentlich nie erlebt haben und verdrängt es deshalb. Man kann vielleicht von der Ebene der persönlichen Selektion sprechen. Die Frage der Verantwortung für das eigene Leben spielt hier eine wichtige Rolle: Was man sich als Individuum und Subjekt zuzählen will und was nicht. Das ändert sich natürlich mit dem Lebenslauf, mit den Erfolgen und den Enttäuschungen.

Die Art, wie die eigene Lebensgeschichte erzählt wird, hängt von vielen anderen Faktoren ab. Ein besonderes Gewicht kommt dabei sicherlich dem Alter zu, v. a. der Menge und der Vielfältigkeit der Erfahrungen, die man gemacht hat, sowie dem Umstand, was man im Leben (nicht) erreicht hat und was man sich noch vom Leben erhofft und erwartet. Überhaupt scheint sich erst ab einem gewissen Alter das Bedürfnis einzustellen, auf das eigene Leben zurückzublicken. Alle psychologischen Mechanismen, mit denen Menschen in den Rückblick auf das eigene Leben Rechtfertigungen für sich selber und für andere einbauen, sind in der Situation des Zeitzeugeninterviews wirksam.

Aber: Wer erzählt schon mal sein ganzes Leben oder größere Lebensabschnitte in einem Stück? In den allermeisten Fällen erzählt man kleine Episoden, die bei mehr oder weniger passenden Gelegenheiten geäußert werden. „The Grandfather who takes a grandchild on his or her knee and tells the story of his life is a literary fiction. The life story as a full, coherent oral narrative does not exist in nature; it is a synthetic product of social science – but no less precious for that" (Portelli 1998, S. 24). Auch die schriftliche Erzählung des eigenen Lebens, die Autobiografie, ist ja in der Regel eine Ausnahme. Nur relativ wenige Menschen schreiben im fortgeschrittenen Alter ihre „Memoiren" auf. Und wenn sie es machen, so machen sie es meistens, weil sie meinen, auf irgendeine Weise ein besonderes Leben geführt zu haben, z. B. weil sie wichtige Positionen oder Ämter inne hatten oder weil sie kommerziellen, sportlichen oder künstlerischen Erfolg hatten.

Lebensgeschichte(n) werden mit sehr unterschiedlichen Grundstimmungen erzählt. In ihnen spiegelt sich beispielsweise, wie sehr man sich selber als Subjekt oder Objekt sieht, wie sehr man der Meinung ist, das Leben selber in die Hand genommen zu haben oder aber von anderen bestimmt worden zu sein. Der erfolgreiche Unternehmer, der ein Geschäft aufgebaut hat, oder der Künstler, dessen Werke den Weg in die Öffentlichkeit gefunden haben, werden eher selbstbewusst erzählen. Der Fließbandarbeiter oder die Verkäuferin werden eher aus dem bescheidenen Selbstbewusstsein des „kleinen Mannes“ bzw. der „kleinen Frau“ erzählen. Das muss aber längst nichts darüber sagen, wessen Geschichte subjektiv und objektiv interessanter ist oder wirkt.

4.2 Erinnerungen und Gedächtnis in sozialen Kontexten

Niemand ist mit seinen Erinnerungen ganz allein. Von dem Moment an, in dem sich ein Geschehen erstmals dem Gedächtnis einprägt, über das mehr oder weniger häufige Erinnern an es bis in die Situation des Zeitzeugengesprächs hinein wirken andere Personen direkt oder indirekt auf die Erinnerung ein. Einerseits ist nämlich der Inhalt vieler Erinnerungen längst nicht so individuell und einzigartig, wie oftmals geglaubt wird. Andererseits findet jede Erzählung in einem sozialen Rahmen statt, den der Erzähler bei seiner Schilderung berücksichtigt.

Jede/r glaubt eine ganz eigene Lebensgeschichte zu haben. Nichts scheint so individuell zu sein, wie die Erinnerung an das eigene Leben. Jedoch überschneiden und überlagern sich die eigenen Erinnerungen auf vielfache Art mit den Erinnerungen anderer. So teilt man oftmals mit anderen Menschen die Erinnerung an Ereignisse, die von allgemeiner Bedeutung waren und von vielen wahrgenommen bzw. erfahren wurden, z. B. an Katastrophen, Kriege, Revolutionen etc. Dann erzählt man später „aus dem eigenen Leben“ immer schon unter Bezug auf die gleichen oder ähnlichen Erinnerungen der anderen. Von ihnen hat man vieles gehört, gesehen, gelesen über die gemeinsame Vergangenheit. Und unter dem Eindruck dieser Rezeption gewichtet man die eigenen Erfahrungen, ja, übernimmt eventuell auch Topoi oder gar Inhalte.

Wer aus seinem Leben erzählt, erzählt auch immer mit Blick auf die Zuhörer bzw. Zuschauer. Manches von dem, an was man sich selber gerne erinnert, verschweigt man anderen; anderes, was man selber vielleicht gar nicht für so erzählenswert hält, hebt man anderen gegenüber hervor. Die mitgeteilte Erinnerung orientiert sich daran, welches Bild von der eigenen Person man in einer bestimmten Situation vermitteln oder vermeiden möchte. Dies kann man die Ebene der sozialen Selektion und Formung der Erinnerung nennen. Rechts- und Unrechtsempfinden, Anstand und Moral, Vertrauen und Misstrauen spielen hier eine große Rolle. Auch das ästhetische Bedürfnis, eine lebendige Geschichte zu erzählen, beeinflusst den Erinnerungsbericht, beispielsweise in der Form, dass auch dort direkte Rede verwendet wird, wo einem der konkrete Wortlaut längst entfallen ist.

Über den Zusammenhang zwischen den individuellen und den sozialen Inhalten und Formen des Erinnerns sind schon seit dem Beginn des 20. Jahrhunderts, verstärkt aber gegen dessen Ende von Soziologen, Psychologen, Ethnologen etc. Theorien entwickelt worden. Diese Theorien sind auch für das Verständnis von Oral History von großer Bedeutung, weil sie die Fragestellung beeinflussen, unter der Oral History betrieben wird. Macht doch Oral History als Geschichtswissenschaft nur Sinn, wenn davon ausgegangen wird, dass Inhalt und Form von Erinnerungen nicht bloß konkret-individuell sind, sondern allgemeinen Mustern folgen, die sich aus dem Bezug auf den sozialen Rahmen ergeben.

Drei einflussreichere theoretische Ansätze bzw. Richtungen sollen im Folgenden kurz vorgestellt werden.

4.3 „Generation"

Als ein Beispiel für die soziale Prägung des Gedächtnisses und der Erinnerungen kann das Selbstverständnis als Angehöriger einer bestimmten sozialen Alterskohorte gelten. Man fängt dann irgendwann an, sich als ein bestimmter sozialer oder politischer Typus an die eigene Lebensgeschichte zu erinnern, ein Typus, der – zumeist während der Jugend und dem frühen Erwachsenenleben – wesentlich durch bestimmte gemeinsame Erfahrungen und Erlebnisse geprägt worden sein soll. Bei solchen Gemeinschaftserlebnissen kann es sich beispielsweise um existentielle Gefahren (z. B. Kriege und Katastrophen) oder um die Beteiligung an Bewegungen handeln, die – vermeintlich oder wirklich – Staat und Gesellschaft auf irgendeine Art „revolutionierten" (z. B. Jugendbewegung um 1900, 68er etc.). Nicht selten entsteht aber auch der Eindruck, dass „Generationen" nachträglich konstruiert und dann wissenschaftlich und medial ausgeschlachtet werden. Ein Beispiel hierfür ist die „Kriegskindergeneration", von der um 2005 relativ unvermittelt überall die Rede war (Bode 2004).

An Phänomene dieser Art knüpfte der Soziologe Karl Mannheim in den 1920er Jahren mit seiner bekannten Bestimmung von „Generation" durch die drei Komponenten der objektiven Generationslagerung, der verschiedenen, sich aufeinander beziehenden und voneinander abgrenzenden Generationseinheiten und des von außen und im Nachhinein feststellbaren Generationszusammenhangs an (Mannheim 1928). Das Konzept fand dann Eingang in die soziologische Biografieforschung, deren qualitative Untersuchungen meistens auf der Basis von lebensgeschichtlichen Erzählungen und Interviews erfolgen (z. B. Bude 1984, 1987, 1995 und 2001). Allerdings geriet Mannheims Auffassung auch schnell in die Kritik, weil sie mit einer fragwürdigen, normativ aufgeladenen Vorstellung von emphatischer Vergemeinschaftung verbunden war. Es ist deshalb zu Recht darauf hingewiesen worden, dass „Generation" zunächst nur ein zeitlicher Ordnungsbegriff ist, der dann mit der Erwartung verbunden wird, „eine spezifische Ausprägung des Denkens, Fühlens und Handelns zu erklären, indem die unterstellte dauerhafte und gleichartige Wirkung von Sozialisationsbedingungen als *kollektive* Erfahrung aufgefasst wird" (Jureit 2006, 7 f.; vgl. zur Kritik an Mannheim auch Neun 2009). Jedenfalls sollte deutlich zwischen „Generation" als einer analytischen Kategorie zur Erfassung eines objektiven sozialen Zusammenhangs und „Generation" als einer Formel zur Selbstthematisierung unterschieden werden. Damit der Begriff „Generation" nicht zu einer tautologischen Leerformel wird, sind deshalb mindestens vier Bedeutungsebenen zu berücksichtigen: die mit ihm intendierte Identitätskonstruktion, der Bezug auf konkrete Kollektive, die Handlungsrelevanz und die Erfahrungsgemeinschaft. In diesem Sinn kann „Generation" „fachübergreifend als erfahrungsgeschichtliche Kategorie" aufgefasst und die Forschung auf die „kommunikativen Bedingungen" gerichtet werden, „unter denen generationelle Selbstverortungen vorgenommen werden" („generation building") (Jureit 2006, S. 17).

Der Anspruch, Vertreter einer „Generation" zu sein und für sie typische Merkmale zu besitzen, geht fast immer weit über das hinaus, was sich real zwischen Menschen bestimmter Jahrgangskohorten als Gemeinsamkeit feststellen lässt. Längst nicht jede/r aus der Kohorte hat die gleichen Erfahrungen gemacht, und wer sie gemacht hat, hat sie längst nicht gleich erklärt und gedeutet, und wer sie gleich erklärt hat, muss längst nicht dieselben Schlüsse daraus gezogen haben. „Generation" stellt eine Verallgemeinerung bzw. Pauschalisierung dar, die primär von dem Wunsch bzw. der Zuschreibung zeugt, sich zu einem (zeit-)geschichtlichen Typus zu stilisieren und darin anerkannt zu werden. So gefasst, ist der Begriff aber sehr wohl für die Analyse und Interpretation von Zeitzeugeninterviews verwendbar.

So portraitiert beispielsweise Bude (Bude 1997) sechs „68er", die er unter der leitenden Fragestellung interviewt hat, „ob nicht doch gewisse soziale Mechanismen und historische Operationen dem individuellen Lebenslauf einen kollektiven Zuschnitt verleihen" (S. 9). Er identifiziert mittels ausführlicher Interpretationen drei Typen – Experimentalisten, Konsensualisierte und (verzweifelte) Hierarchisten – und kommt zu dem Schluss, dass den um 1940 Geborenen historische Wirkungen zugeschrieben werden, für die sie gar nicht verantwortlich waren (S. 358). Sie würden beurteilt, als wären sie von sich aus die Subjekte eines Wandels gewesen, der in Wahrheit anonyme, von ihnen bis in die Gegenwart nicht richtig begriffene Ursprünge hatte.

4.4 Kollektives Gedächtnis

Ebenfalls in den 1920er Jahren stellte der französische Soziologe Maurice Halbwachs die These auf, dass das Gedächtnis der Menschen sozial bedingt sei, dass es somit einen „kollektiven" Charakter besitze. Halbwachs Schriften sind zwar erst in den letzten zwei Jahrzehnten in den Sozial- und Geisteswissenschaften im Zuge der Hinwendung zu kulturgeschichtlichen Fragestellungen verstärkt rezipiert worden, gelten aber seitdem als Grundlage der boomenden Erinnerungs- und Gedächtnisforschung. Persönliche Erinnerungen kommen nach der Auffassung von Halbwachs durch Kommunikation und Interaktion zustande: Sie seien von Beginn an in einen sozialen Rahmen eingebettet, denn schon die Wahrnehmungen erfolgten mit Blick auf die anderen, d. h. auf das, was in einer Gruppe als bedeutsam angesehen wird. Das kollektive Gedächtnis, das jedem persönlichen Gedächtnis vorausgesetzt sei und auf das bei individuellen Erinnerungsprozessen zurückgegriffen werde, sei durch besondere Erinnerungsfiguren gekennzeichnet: durch einen konkreten Raum-Zeit-Bezug, durch den Bezug auf eine wirkliche und lebendige Gruppe und durch ein permanent rekonstruktives Verhältnis zur Vergangenheit. Das kollektive Gedächtnis sei ein Gedächtnis der Zeitgenossen, es werde in erster Linie mündlich weitergegeben und erlösche mit dem Tod seiner Träger (Halbwachs 1985; vgl. dazu auch Assmann 1999, 34-48). Halbwachs ging mit seiner Theorie von einer sehr weitgehenden Determiniertheit des individuellen Gedächtnisses durch das „Gedächtnis" derjenigen „Kollektive" aus, denen das Individuum angehört (Familie, Nachbarschaften, Religionsgemeinschaften, Nation etc.). Ein persönliches Erinnern jenseits der durch bestimmte Normen und Werte bestimmten Gruppenperspektive hielt er prinzipiell für unmöglich. Unterschiede in den Erinnerungen verschiedener Gruppenmitglieder ergaben sich für ihn daraus, dass Individuen verschiedenen, miteinander konkurrierenden Kollektiven angehören und innerhalb ihrer verschiedene Stellungen inne haben können.

Sicherlich haben die Erzählungen, die jemand in seiner sozialen Umgebung über vergangene Vorgänge, die er auch selber erlebt hat, erfährt, oftmals einen erheblichen Einfluss darauf, wie er selbst sich daran erinnert und wie er darüber erzählt. Ob aber so weit gegangen werden kann, von einem kollektiven Gedächtnis zu sprechen, ist fraglich. Reinhart Koselleck hat dem mit einigem Recht entgegen gehalten: „Es gibt keine kollektive Erinnerung, wohl aber kollektive Bedingungen möglicher Erinnerungen" (Koselleck 2001, S. 20). Halbwachs lässt außer Betracht bzw. übersieht, dass Individuen durchaus die Fähigkeit und den Willen haben (können), sich von den in ihrer Umgebung dominierenden kollektiven Perspektiven zu distanzieren – auch ohne dazu gleich die Perspektive eines anderen Kollektivs übernehmen zu müssen. Gerade bei umfassend und intensiv geführten Interviews lässt sich nicht selten feststellen, dass der Zeitzeuge auch auf eine Art berichtet, die gerade nicht mit dem zusammenpasst, was man von ihm als Mitglied eines bestimmten Kollektivs erwartet hätte. Dieses Phänomen ist von Lutz Niethammer als „Enttypisierungsschock" für den Forscher bezeichnet worden (Niethammer, Lutz/Plato, A. v. 1985, S. 410; vgl. Wierling 2003, S. 98f.).

Im Anschluss an Halbwachs entwickelte der französische Historiker Pierre Nora die Theorie der „Erinnerungsorte", worunter er langlebige „Kristallisationspunkte unseres (französischen) nationalen Erbes" verstand (Nora 1997). Für Nora – und für die an ihn anknüpfenden Historiker in anderen Ländern – umfasst der Begriff „Erinnerungsort" weit mehr als nur konkrete Orte im Raum. Er schließt daneben Personen, Institutionen, Objekte, Schriften etc. ein, die für Kollektive identitätsstiftend sein sollen oder es waren. Deshalb kann das „Hermannsdenkmal" in einem Atemzug mit „Luther" und „Stalingrad" genannt werden. Ein „Erinnerungsort" ergibt sich also aus seiner Funktion für die kollektive Erinnerung. Menschen verbinden mit solchen Orten etwas, dass sie für ihre Identität als wichtig ansehen – selbst dann, wenn sie sich davon abgrenzen und ihre Identität als Gegenbild konstruieren.

Die Theorien von Halbwachs, Nora u. a. sind für die wissenschaftliche Arbeit mit Zeitzeugeninterviews wichtig, weil sie auf die sozialen Bedingungen individuellen Erinnerns verweisen. Allerdings betonen sie sehr stark die Seite der unentbehrlichen Funktion gemeinschaftlicher Erinnerungen für die Existenz und den Fortbestand von Kollektiven. Die Möglichkeit der Abweichung oder auch der Widerständigkeit individueller Erinnerungen gegenüber den Erwartungen und Zumutungen der Kollektive wird oftmals vernachlässigt bzw. gleich wieder mit entsprechenden sozialen Bedingungen erklärt.

4.5 Kommunikatives und kulturelles Gedächtnis

Für den heutigen Diskurs über Erinnerung und Gedächtnis hat die Unterscheidung zwischen „kommunikativen" und „kulturellen Gedächtnis" eine ähnliche Bedeutung wie der auf Halbwachs zurückgehende Begriff des „kollektiven Gedächtnisses." Die Unterscheidung wurde von dem Ägyptologen Jan Assmann eingeführt, zunächst mit Blick auf Konsequenzen des Übergangs von schriftlosen zu schriftlichen Kulturen. Das „kommunikative Gedächtnis" enthält ihm zufolge „Erinnerungen, die der Mensch mit seinen Zeitgenossen teilt" und die sich auf den Zeitraum von drei bis vier Generationen bzw. ca. 80 Jahre beziehen (Assmann 1999, S. 50 f.). Das kommunikative Gedächtnis als Hort der „lebendigen Erinnerung" basiert sowohl in oralen als auch in literalen Kulturen auf der alltäglichen Interaktion der Menschen. Es unterstützt den Menschen dabei, die eigenen Erfahrungen mit denen anderer zu vergleichen und sich selbst so über „Erinnerungsgemeinschaften" historisch zu definieren. Die Erinnerungsmuster dieser Gemeinschaften können sich allerdings erheblich unterscheiden und zueinander in Konkurrenz treten – auch im Bewusstsein einzelner Personen, die sich verschiedenen Gemeinschaften zuzählen.

Allerdings geht es Assmann bei seiner Argumentation nicht so sehr um die Behauptung der sozialen Determiniertheit bzw. Beeinflussung individuellen Erinnerns. Für ihn steht vielmehr die Frage im Mittelpunkt, in welcher Form eine Gesellschaft die Erinnerung an die eigene Vergangenheit organisieren muss bzw. sollte, damit mit dem permanenten Verschieben des kommunikativen Gedächtnisses nicht für wichtig erachtete frühere Erfahrungen dem Vergessen anheimfallen. Wird doch das, an das sich kein Lebender mehr zu erinnern vermag, endgültig vergessen – es sei denn, es geht auf irgendeine Art in den Fundus des kulturellen Gedächtnisses ein. Im kulturellen Gedächtnis wird in indirekter und/oder symbolischer Form bewahrt, wovon niemand mehr direkt erzählen kann, was es aber als Ursprung und Herkunft des gesellschaftlichen Zusammenhalts gegeben haben muss. In oralen Gesellschaften wird diese Art der Erinnerung, die der Vergewisserung der kollektiven Identität jenseits und trotz aller gegenwärtigen Differenzen dient, in Form regelmäßig wiederkehrender Rituale gepflegt, bei denen Lieder, Mythen, Tänze, Kostüme, Bemalungen etc. eine wichtige Rolle spielen. Mit der Durchsetzung von Schriftkulturen findet dann innerhalb des kulturellen Gedächtnisses ein allmählicher Übergang von der rituellen zur textuellen Kohärenz statt, der aber seinen entscheidenden Schub durch die „Kanonisierung" sinnstiftender, „fundierender" Texte erhält (ebd., S. 103 ff.).

Das kulturelle Gedächtnis einer Gesellschaft fällt nicht vom Himmel und ist auch nicht unveränderbar. Es entsteht und entwickelt sich aus den Sinnbedürfnissen der Lebenden, die sich auf der Grundlage ihrer aktuellen Gegenwartserfahrungen mit dem je schon bestehenden Kanon auseinandersetzen, ihn deuten und modifizieren. In früheren Zeiten mag dies unmerklich langsam geschehen sein. Seit der Aufklärung und der Verwissenschaftlichung der Welt ist aber innerhalb der Gesellschaft und zwischen den Gesellschaften das Bewusstsein davon gewachsen, wie durch das gezielte und bewusste Bewahren und Nicht-Bewahren von Erinnerungen (z. B. durch Museen, Archive, Gedenkstätten etc.) der Übergang vom kommunikativen zum kulturellen Gedächtnis beeinflusst werden kann.

Der weit verbreitete Diskurs über kommunikatives und kulturelles Gedächtnis ist allerdings grundsätzlich darauf hin zu befragen, inwiefern es überhaupt sinnvoll und statthaft ist, Begriff wie „Gedächtnis" und „Erinnerung", die aus der Psychologie des menschlichen Bewusstseins stammen, auf Kollektive wie Gesellschaften oder Nationen zu übertragen. Bedarf es dazu doch des Postulats einer durch Geschichte zu begründeten Identität im Sinne der Stiftung von Einheit. Die Gesellschaft ist in dieser Hinsicht aber sehr heterogen. Selbst die beiden für die deutsche Zeitgeschichte zentralen nationalen Ereignisse des Nationalsozialismus und der deutschen Vereinigung werden von den Individuen vielfältig interpretiert, wobei z. B. Alter, Geschlecht, Bildung und Ost-West-Zugehörigkeit eine wichtige Rolle spielen (Heinrich 2002). „Es macht also wenig Sinn, zwecks Identitätsstiftung ihre (der Gesellschaft, G. H.-B.) Mitglieder auf eine bestimmte Vergangenheit einschwören zu wollen. Stattdessen sollten jene Subgruppen exakt spezifiziert werden, die sich als Träger einzelner Vergangenheitsaspekte hervorheben" (Heinrich 2002, S. 259). In vielen Publikationen, die sich mit Erinnerungsgeschichte und Erinnerungspolitik befassen, kommt die „große soziale Frage [...] Von wessen Erinnerung ist hier die Rede?" nur am Rande vor (Burke 2005, S. 100). Die Frage ist weitgehend identisch mit der nach der Reichweite und Durchsetzungskraft kollektiver Deutungsangebote aus dem Bereich der Geschichtskultur: Wie Individuen mit Widersprüchen und Ungereimtheiten zwischen persönlichen Erinnerungen und öffentlich-konventionellen Geschichtsdarstellungen umgehen, wie diese also angenommen, uminterpretiert oder verworfen werden (Dejung 2008). Zur Beantwortung dieser Frage vermag Oral History einiges beizutragen, wenn ihre Art der Datenerhebung und -auswertung entsprechend ausgerichtet wird.

Lutz Niethammer (2007) hat treffend darauf hingewiesen, dass man von zwei „Gedächtnis- und Erinnerungsbegriffen" sprechen könne, die im 20. Jahrhundert entstanden seien und auch der neueren Kognitionsforschung nicht widersprächen. Einerseits gebe es „vergangenheitsgebundene, unwillkürliche Erinnerungen meist vorbegrifflicher, bildlicher oder sonst sinnlicher Natur", die emotional stark besetzt seien und vorwiegend aus der „Begegnung mit Neuem" resultierten. Andererseits komme es zu „Erinnerungen, die aus der Begegnung mit Erinnerungsstützen des Kulturgedächtnisses rekonstruiert werden" (S. 63) und die dementsprechend selektiert und gedeutet seien. Deshalb sollte nach Niethammer bei Oral History auch nicht im strengen sozialwissenschaftlichen Sinn von „narrativen Interviews" gesprochen werden. Vielmehr werde versucht, „einen Gedächtnisraum anhand bekannter Anforderungen zu öffnen und ihn dann durch Assoziationen, Übertragungen, Sinnbildungen und den Abruf latenter Informationen zu erweitern" (ebd.). Es handele sich also bei Oral History methodisch um ein „artifizielles mixtum compositum von Stimulierungen unterschiedlicher Gedächtnisleistungen" (ebd., S. 64).

Individuelles, kommunikatives und kulturelles Gedächtnis stehen zueinander in einem Verhältnis wechselseitiger Verstärkung, Beschränkung oder Widersprüchlichkeit, zumal dann, wenn es um zeitgeschichtliche Themen geht. Man sollte es ernst nehmen, dass in Gesellschaften permanent Auseinandersetzungen um die Hegemonie über die Erinnerungen und ihre Deutung stattfindet. Dass sich dabei in langfristiger Perspektive häufig eine Art gesellschaftliche Meistererzählung durchsetzt oder dominant wird, sagt nichts über deren Güte aus. Man muss aus diesem Umstand keineswegs den Schluss ziehen, dass es unbedingt *einer* gemeinsam geteilten Erzählung bedarf, um die dauerhafte Identität des Kollektivs zu sichern – dessen Grund und Zusammenhalt beruht meistens auf ganz anderen Kräften und Strukturen.

5. Mündliche Erinnerungen im Geschichtsunterricht

Schülerinnen und Schüler sollten durch den Geschichtsunterricht Schritt für Schritt dazu befähigt werden, mit den Erinnerungen älterer Mitmenschen umzugehen. Sie sollten einerseits die Kompetenz erwerben, diese Erinnerungen als Instrument zur Erschließung der jüngeren Vergangenheit, der Zeitgeschichte, zu nutzen. Sie sollten andererseits nach und nach begreifen, wodurch die Lebensgeschichten der Älteren beeinflusst sind, wie sie also als Mixtum aus Überresten ursprünglicher Erfahrungen, späterer Überlagerungen und Ergänzungen und gegenwärtigen Auffassungen konstruiert sind. Der Umgang mit mündlichen Erinnerungen ist auf diese Art Teil der aktiven und passiven narrativen Kompetenz, der Fähigkeit, selber triftige Erzählungen über vergangenes Geschehen zu konstruieren und die Erzählungen anderer kritisch zu hinterfragen. Für beide Formen des Bezugs auf mündliche Erinnerungen ist die Benutzung anderer Quellen und Darstellungen, die die Erinnerungen ergänzen, in Frage stellen oder relativieren, unverzichtbar.

Bei der Förderung der Kompetenz des Umgangs mit mündlichen Erinnerungen ist sicherlich zu berücksichtigen, dass die natürliche Reifung und die fortschreitende Sozialisation der Schüler von sich aus bis zu einem gewissen Grad dazu beitragen, dass die Erwachsenen allmählich „besser" verstanden werden. Je mehr die Schüler selbst vom „Ernst des Lebens" erfahren, um so eher können sie erfassen, was eine Lebensbiografie, was gelebte Erinnerung ist und sein kann. Die Befragung von Zeitzeugen kann dazu beitragen, diesen Prozess der Intensivierung der Wahrnehmung anderer Menschen in ihrer historischen Gewordenheit zu forcieren und zu vertiefen. Es ist auch aus diesem Grund ratsam, die Schüler möglichst aktiv in den Prozess der Vorbereitung, Durchführung und Reflexion von Zeitzeugeninterviews einzubeziehen. Wird der Lerngruppe ein Zeitzeuge vom Lehrer einfach „vorgesetzt", sind schon wichtige Lernchancen vergeben worden.

5.1 Zwischen Ereignisgeschichte und Lebensgeschichte

Im Zuge ihrer schulischen Laufbahn sollte Kindern und Jugendlichen zunehmend bewusst gemacht werden, dass nicht nur das, was die Zeitzeugen zur Aufhellung vergangenen Geschehens beitragen können, interessant ist, sondern auch die Art, wie sie sich daran erinnern. Liegt doch das Ziel der Befragung von Zeitzeugen im Allgemeinen zwischen zwei Polen. Zum einen kann es in traditioneller Weise darum gehen,

Erfahrungen der Menschen zu einem zeitlich und räumlich begrenzten Geschehen der Vergangenheit zu ermitteln (z. B. zum Nationalsozialismus, der Nachkriegszeit, den Fünfziger- oder Sechziger-Jahren usw.). Der Zeitzeuge wird dann meistens anhand von mehr oder weniger detaillierten Leitfragen danach befragt, was damals an einem Ort passierte und wie er sich verhielt und fühlte. Dabei stehen meistens Alltags- und Mentalitätsgeschichte im Vordergrund: Wie die Menschen zu bestimmten Zeiten arbeiteten, wohnten, liebten, litten, sich vergnügten etc.

Zum anderen kann die gesamte Lebensgeschichte des Interviewten selbst im Mittelpunkt stehen. Er legt dann eigentlich nicht mehr von einem vergangenen Geschehen ein „Zeugnis" ab, das seinerseits irgendwie zu überprüfen wäre. Vielmehr schildert er explizit, welche Ereignisse, Verhältnisse und Entwicklungen für sein Leben von besonderer Bedeutung waren. Dieser biografiegeschichtlichen Blickrichtung kommt es primär darauf an, Lebensläufe auf ihre subjektiven und objektiven Determinanten hin zu untersuchen und miteinander zu vergleichen. In diesem Fall werden erzählgenerierende Interviews, v. a. narrative Interviews, verwendet.

Im Geschichtsunterricht werden geschehens- und sachorientierte Befragungen dominieren. Das Interesse, eine Erzählung zu inittiieren, die über Antworten auf konkrete Fragen hinausgeht, ist Schülern zunächst nicht geläufig. Allerdings treten mit zunehmendem Alter auch vermehrt Fragen nach der Bedeutung und Sinnhaftigkeit historischer Erfahrungen für den weiteren Lebenslauf der Befragten auf. Schüler wollen aber zunächst konkrete Dinge wissen und lassen sich leicht durch Einzelheiten beeindrucken. Der Jugendliche, der einen Erwachsenen nach dessen Lebenserfahrungen fragt, wird sich nach einer Reihe wichtiger Lebensbereiche nicht oder nur oberflächlich erkunden. Die Fragen der Schüler erwachsen oft aus ihrer jeweiligen Lebenssituation, aus dem, was sie in Freizeit, Elternhaus und Schule gerade erleben und erleiden. Die Fähigkeit, neugierig zu sein, ohne das Gespräch zu sehr in eine Richtung zu lenken, also die Kunst des abwartenden Zuhörens und unterstützenden Fragens, muss ihnen erst allmählich nahegebracht werden. Es ist davon auszugehen, dass Schüler mit zunehmendem Alter eher willens und fähig sind, das Erzählte nicht nur als Bericht über vergangenes Geschehen, sondern auch als subjektive Verarbeitung der Erfahrung des Geschehens zu verstehen (vgl. von Plato 2001).

Eine Art Übergang von dem objekt- zu dem subjektorientierten Fragehorizont stellt die zunehmende Erkenntnis der Muster und Prinzipien dar, mittels derer persönliche(n) Erinnerungen überformt und gebildet werden. Schon in jüngeren Jahren ist bei Schülern die Empathiefähigkeit soweit entwickelt, dass sie merken, welche Erinnerungen vom Erzähler eher mit positiven oder mit negativen Empfindungen verbunden werden. Mit fortschreitendem Alter sind Jugendliche zunehmend in der Lage, subjektive Einfärbungen oder Verfälschungen zu erkennen. In einem nächsten Schritt stellen sie fest, dass es sich dabei oftmals nicht nur um einfache Irrtümer und beliebige Beigaben handelt. Die Art, wie sich die Subjektivität der Erzählenden (gewollt oder ungewollt, bewusst oder unbewusst) in ihren Erzählungen geltend macht, ist ja keineswegs absolut willkürlich und zufällig. Zur Beantwortung der ihnen gestellten Fragen greifen die Zeitzeugen im Allgemeinen nicht einfach spontan auf einen ungeordneten Schatz an Erinnerungen zurück. Die Geschichten, die sie erzählen, haben sie meistens schon öfter vorgetragen, wenn auch nicht in der Form, in der sie sie nun gegenüber dem Interviewenden formulieren. Es handelt sich um relativ stabile Erinnerungsmodule. So manche Geschichte, die den Interviewer, der sie zum ersten Mal hört, fasziniert, mag für die Kinder und Enkelkinder des Erzählenden ein langweiliger „alter Hut" sein, dessen sie durch und durch überdrüssig sind. Die Zeitzeugen sind nun mal Menschen, die ihre Erfahrungen unter dem Druck und den Zwängen der alltäglichen Lebensführung im Rahmen einer bestimmten Gesellschaft so „verarbeitet" haben, dass sie in und für diese Verhältnisse handlungsfähig bleiben konnten. Die subjektive Brille, durch die die Befragten ihre vergangenen Erfahrungen, Handlungen und Gedanken betrachten, hat somit ihre objektiven Seiten, die selbst historisch geworden sind und ihrerseits wieder historisch wirksam werden. Hinsichtlich dieses Beitrags der Oral History zu einer historischen Erfahrungswissenschaft werden häufig Begriffe wie „Ideologie", „kulturelle Hegemonie", „Habitus" etc. ins Spiel gebracht werden, Begriffe also, die auf die Vermittlungsprozesse und -schritte zwischen objektiver Lage und subjektiver Interpretation der Lage abzielen. Oral History bringt nicht nur solche Aspekte vergangenen Geschehens ans Licht, die in den schriftlichen Quellen umgangen oder verschwiegen werden, sondern sie hat auch immer damit zu tun, wie Menschen als Mitglieder bestimmter Gesellschaften ihre Vergangenheit mit „Nutzen und Nachteil" für ihr Leben in der Gesellschaft verarbeiten. Ihre Erinnerungen sind keiner wissenschaftlichen Objektivität verpflichtet, sondern dem Leben und Überleben in Gegenwart und Zukunft. Hierin besteht der fundamentale Adressatenbezug der Lebensgeschichten jenseits des konkreten Interviews. Als Beispiel für die Legendenbildung durch das kommunikative Gedächtnis können Zeitzeugenberichte über die Bombardierung Dresdens im Februar 1945 dienen (s. Anhang: Text über Bombardierung Dresdens, S. 102).

Hinsichtlich der subjektiven Einfärbung ist Schülern zweitens allmählich bewusst zu machen, dass Oral History immer eine kommunikative Erzählung ist. Der Erzählende berichtet nicht von sich aus, es handelt sich von der Entstehungsgeschichte her um kein autobiografisches Vorhaben. Der Erzähler wird vielmehr gefragt und er erzählt seine Geschichte mit Hinsicht auf den Frager. Er will dessen Fragen beantworten, betrachtet ihn dabei als Inhaber bestimmter Rollen (als Wissenschaftler, als durchschnittliches Gesellschaftsmitglied, als Mann oder Frau, als Jugendlichen oder Erwachsenen etc.), der von ihm bestimmte Antworten auf die Fragen erwartet oder auch nur zu einem bestimmten Verständnis fähig ist. Von Schülern befragte Erwachsene orientieren ihre Antworten oftmals – bewusst oder unbewusst – an dem, was sie für „kindgerecht" halten, was ihrer Ansicht nach Kinder verstehen und verkraften können. In anderen Fällen meinen sie, sie müssten den Jugendlichen als eine Art Lebenslehrer gegenüber treten, der ihnen Nachhilfe in den Lektionen erteilen, die angeblich aus der Geschichte gewonnen werden können. Dementsprechend wirkt ihre Erzählung dann moralisierend und wird für die jungen Zuhörer schnell langweilig.

Professionelle Oral History bemüht sich darum, solche asymetrischen Kommunikationsstrukturen im Gespräch so weit wie möglich zu überwinden. Sie versucht, den Interviewten dahin zu bringen, aus seinen Erinnerungsstrom nicht nur das herauszufiltern, was als Antwort auf die expliziten oder impliziten Frageintentionen dienen könnte. Die Fragen sollen vielmehr als Anlass und Angebot aufgefasst werden, das, wonach gefragt wurde, so zu erzählen, dass auch seine Bedeutung innerhalb der eigenen Erfahrungsgeschichte deutlich wird. Dem Erzählenden soll auch die Möglichkeit eingeräumt werden, Antworten auf Fragen zu geben, die gar nicht gestellt wurden, die ihn aber im Moment des Rückschauens bewegen. Die interviewtechnische Konsequenz hieraus besteht in einem grundsätzlich sehr zurückhaltenden Agieren des Interviewers. Ist der Erinnerungsfluss erst einmal in Gang gekommen, wird er ihn möglichst nicht unterbrechen und Nachfragen an das Gesprächsende oder auf ein zweites Gespräch verschieben. Das besonders fruchtbare Moment der Oral History wird oftmals gerade in der Erfahrung gesehen, wie sehr sich das Erzählte von dem unterscheidet, was man aufgrund der Vorinformationen und vielleicht auch der Vorurteile von dem Zeitzeugen erwartet hatte.

5.2 Oral History als Prozess

5.2.1 Verankerung im Curriculum

Wird die Forderung nach einem regelmäßigen Einbezug mündlicher Überlieferung in den Geschichtsunterricht wirklich ernst genommen, so sollte dies bei der Gestaltung des Curriculums bedacht werden: Da diese Methode nur für zeitgeschichtliche Themen in Frage kommt, sollten entsprechende Einheiten nicht erst am Ende der Sekundarstufe I erstmals in den Unterricht einbezogen werden. Vielmehr ist zu überlegen, wie von der Grundschule bis zum Abitur ein Methodencurriculum „Umgang mit mündlichen Erinnerungen" aussehen kann.

Im Anschluss an die obigen Ausführungen liegt es nahe, ein solches Curriculum auf drei drei Stufen/Niveaus hin zu entwickeln:

1. Aus „Zeitzeugenberichten" können Informationen über vergangene Ereignisse und Verhältnisse Geschehen gewonnen werden und sie können Auskunft geben, ob und warum es sich für Betroffene um „gute" oder „schlechte" Zeiten gehandelt hat.
2. „Zeitzeugenberichte" sind subjektiv eingefärbt und standortgebunden und können sich deshalb erheblich unterscheiden, je nachdem, ob sie Teilnehmer oder Beobachter, Opfer oder Täter, reich oder arm, Herrscher oder Beherrschter, Mann oder Frau usw. waren.
3. „Zeitzeugenberichte" sind als Interpretationen und Bewertungen von Lebenserfahrungen von einem gegenwärtigen Standpunkt aus und mit Blick auf die Zukunft zu verstehen.

Der Einbezug mündlicher Erzählungen in den Geschichtsunterricht setzt voraus, dass sich entsprechende zeitgeschichtliche Themen mit dem Curriculum vereinbaren lassen. Im chronologisch aufgebauten Geschichtsunterricht, wie er hierzulande meistens noch üblich ist, hat die Zeitgeschichte ihren Platz am Ende, d. h. entweder in der 9./10. oder in der 12./13. Klasse. Jedoch gibt es auch auf früheren Jahrgangsstufen durchaus curriculare Spielräume und Möglichkeiten, mündlich tradierte Erinnerungen für das historische Lernen zu nutzen, und es ist zu hoffen, dass die neuen Schulcurricula, die auf der Grundlage kompetenzorientierter Kerncurricula entwickelt werden müssen, diese Spielräume noch erweitern werden. Erste Formen des Befragens älterer Menschen zu ihrem Leben während bestimmter Zeiten, zu bestimmten Ereignissen oder zu bestimmten Objekten (z. B. Bauwerke) aus der näheren Umwelt der Kinder können schon in der Grundschule im Fach Sachunterricht oder fachübergreifend praktiziert werden. Ähnlich kann auch in den ersten Einführungsstunden in das neue Fach Geschichte zu Beginn der Sekundarstufe I vorgegangen werden.

Je selbständiger Schüler Zeitzeugen interviewen und deren Aussagen analysieren und darstellen, umso mehr Zeit brauchen sie dafür. Es ist deshalb notwendig, für solche Vorhaben durch Zusammenlegung von Stunden oder durch fachübergreifenden Unterricht größere Zeitblöcke zu schaffen, in denen kontinuierlich gearbeitet werden kann. Die adäquateste Methode bildet sicherlich der Projektunterricht.

Oral-History-Projekte werden in den meisten Fällen einen lokal- und regionalhistorischen Bezug haben, müssen doch die Zeitzeugen im alltäglichen Umfeld der Schüler vorhanden und verfügbar sein. Gleichzeitig sollte das historische Thema, zu dem sie interviewt werden sollen, eine überregionale Bedeutung haben, weil es sich nur so didaktisch legitimieren lässt. Es muss deshalb vom Lehrer gefragt werden, zu welchen allgemeinen historischen Entwicklungen „vor Ort" Anknüpfungsmöglichkeiten bestehen. Beispielsweise: Spielt(e) die Schwerindustrie eine Rolle? Handelt es sich um eine Gegend, die von der Erzeugung bestimmter landwirtschaftlicher Produkte dominiert wurde bzw. wird? Gibt es Stadtteile, die in den letzten Jahrzehnten neu entstanden sind oder sich erheblich verändert haben? Sind bestimmte Gruppen von Menschen in letzter Zeit zugezogen? Gab es Auseinandersetzungen um Großprojekte und/oder Umweltprobleme? Verweisen Denkmäler, Inschriften oder Ortsnamen auf zeitgeschichtliche Ereignisse oder Personen?

Bevor man als Lehrer einer Lerngruppe einen Vorschlag für ein Oral-History-Projekt macht, sollte man, um sich des Potenzials sicher zu sein, selber Nachforschungen anstellen, z. B. in Lokalzeitungen, Kommunalarchiven und -bibliotheken, Heimat- und Stadtmuseen etc. In dem Fall, in dem man über keine Erfahrungen mit der Methode verfügt, empfiehlt es sich sehr, im Vorfeld selber ein Zeitzeugeninterview zu dem gewählten Thema durchzuführen. Seine Entstehung, der Verlauf und das Ergebnis können in einer Art Modell-Portfolio dokumentiert und den Schülern als Anregung für das eigene Vorgehen präsentiert werden (Wood 2001, 13 f.).

5.2.2 Typologie von Themen

Zeitzeugengespräche können für die Erarbeitung sehr unterschiedlicher Themen eingesetzt werden. Meistens hängt ihr Einbezug in den Unterricht aber davon ab, auf welche geeigneten Zeitzeugen vor Ort in welchem Umfang zurückgegriffen werden kann.

- Schüler erkunden ihre *eigene Lebensgeschichte*, fragen danach, was sie für ein Baby/Kleinkind waren und welche Erfahrungen andere mit ihnen gemacht haben. Diese Art von Recherche ist v. a. für jüngere Schüler geeignet, z. B. um zu Beginn des Geschichtsunterrichts wahrzunehmen, dass man auch als junger Mensch schon eine eigene Geschichte hat, die erforscht und dargestellt werden kann. Schüler befragen in diesem Kontext ihre Eltern, Verwandte, Bekannte etc. und tragen das Herausgefundene auf einer Zeitleiste ein.

- Im Zusammenhang mit migrationsgeschichtlichen Themen erkunden Schüler die *Herkunft* ihrer Familien, indem sie v. a. Eltern, Großeltern und Urgroßeltern befragen. Zu diesem Thema können die Schüler sich aber auch untereinander befragen (vgl. Lange 2002 als Vorschlag für eine Vertretungsstunde; Bickel 1994 mit Vorschlägen zur Erkundung der Familiengeschichte; Whitman 2000 mit Vorschlägen zur Erkundung berühmt-berüchtigter Familienereignisse).
- Schüler erkunden die *jüngere Geschichte ihres Dorfes, ihrer Stadt oder ihres Stadtteils.* Zu diesem Zweck laden sie ältere Personen, von denen sie etwas zu erfahren hoffen (z. B. einen Bürgermeister, einen Arzt, einen Lokalreporter etc.), zu einem Gespräch in die Klasse ein oder einige von ihnen besuchen diese Personen.
- Schüler erkunden die *Geschichte ihrer Schule* zu einem bestimmten Zeitpunkt oder Zeitraum; zu diesem Zweck befragen sie ältere oder pensionierte Lehrerinnen und Lehrer, ehemalige Schülerinnen und Schüler, Hausmeister, Sekretärinnen etc. Ausgangspunkt kann beispielsweise ein Foto von einer Klasse sein, auf dem die abgebildeten Schüler und Lehrer identifiziert und ihre gegenwärtigen Aufenthaltsorte recherchiert werden müssen.
- Schüler erkunden die *Lebensgeschichten ausgewählter Personen,* die in der Stadt oder im Dorf berühmt (oder berüchtigt) waren oder sind (z. B. Sportidole, frühere Bürgermeister, Pfarrer, sogenannte „Originale" etc.).
- Schüler erkunden ihre *Familiengeschichten,* u. a. durch die Konkretisierung des Familienstammbaums, durch das Anlegen eines Familienarchivs, durch das Sammeln von Familien-Rezepten, durch das Befragen der ältesten Familienmitglieder nach ihren ältesten Erinnerungen an die Familie, durch das Verfassen einer Familiengeschichte, durch Erkundigung der Namen von Personen, die auf Fotos von Familienfeiern abgebildet sind.
- Schüler erkunden die *Geschichte des Ortes oder der Gemeinde in Ausnahme- und Katastrophenzeiten („Hard Times"):* Im Krieg, in der Nachkriegszeit, im „Wirtschaftswunder", zur Zeit der Wende, während und nach einer Flutkatastrophe etc.
- Schüler erkunden konkrete *Aspekte der Sozial- und Wirtschaftsgeschichte des Ortes oder der Gemeinde:* Befragung von Geschäftsleuten der „Hauptstraße" danach, wie sich das Geschäftsleben in den letzten

Jahrzehnten verändert hat; Befragung von Arbeitern und/oder Unternehmern nach der Entwicklung bestimmter Wirtschaftszweige und Arbeitsverhältnisse; Suche nach „verschwundenen" Berufen.

- Schüler erkunden die Herkunft und die Lebensbedingungen von *Immigranten* in ihrer Gemeinde (vgl. Harenbrock 2003 zum Geschichtswettbewerb 2003).
- Schüler fragen langansässige Einwohner nach *signifikanten Veränderungen des Ortes und der Umgebung* in den letzten Jahrzehnten: Wann entstanden neue Wohn- und Gewerbegebiete? Wo gab es mal öffentliche Einrichtungen wie Bibliotheken, Freibäder, Postämter etc.? Wie hat sich die landwirtschaftliche Nutzung im Umland verändert?
- Schüler versuchen herauszufinden, wann und wie sich gewisse *nationale oder internationale Trends* in der eigenen Stadt/Gemeinde oder in den Familien bemerkbar machten: Gab es bei uns auch 68er, Hippies und Gammler? Wie sah das „Wirtschaftswunder" bei uns aus? Wie war das mit dem ersten Fernseher, dem ersten Auto, dem ersten Italienurlaub etc.?
- Schüler erkunden die *Geschichte örtlicher Organisationen und Institutionen:* Vereine, Initiativen, Kirchen, etc.

(modifiziert nach Mehaffy et. al. 1983; vgl. auch Brown 1988, S. 94 f.)

Zuweilen kann es vorkommen, dass im sozialen Umfeld der Schule zufällig Menschen leben, die als Zeitzeugen auch über wichtige nationale oder internationale Ereignisse der Zeitgeschichte berichten können, die räumlich weiter entfernt stattfanden, z. B. ein ehemaliger Dissident über die DDR oder ein ehemaliger Bootsflüchtling über den Vietnamkrieg.

Auch wenn ein Zeitzeugeninterview zu einem bestimmten historischen Ereignis geführt wird, empfiehlt es sich, es tendenziell lebensgeschichtlich anzulegen, zumindest aber darauf zu achten, dass der Stellenwert und die Bedeutung des Ereignisses für den Zeitzeugen in das Gespräch mit einbezogen werden (vgl. Plato 2000, S. 21).

5.2.3 Zeitzeugen suchen und auswählen

Wer Zeitzeugen zu einem historischen Thema sucht, sollte sich darüber klar sein, dass es sich bei Menschen, die sich freiwillig für ein Interview melden, oftmals um Personen handelt, die es sich psychisch und sprachlich zutrauen, vor Fremden ihre Geschichte(n) zu erzählen und diese eventuell auch noch in einem größeren Rahmen publizieren zu lassen. An diejenigen, die von sich glauben, nichts Besonderes erlebt zu haben, oder die Hemmungen oder Angst haben sich mit Fremden auf ein Gespräch über ihr Leben einzulassen, aus dem dann auch noch einer weiteren Öffentlichkeit berichtet wird, ist schwerer heranzukommen. Sie müssen erst überzeugt werden und es muss allmählich ein Vertrauensverhältnis zu ihnen hergestellt werden – ein Vorgehen, das im schulischen Rahmen kaum praktikabel ist.

Bei Projekten, in denen bestimmte lokale oder regionale historische Ereignisse und Verhältnisse im Mittelpunkt stehen, die durch Zeitzeugenaussagen erhellt werden sollen, sollte versucht werden, die Namen beteiligter Personen zu ermitteln. Solche Namen können beispielsweise in der Lokalpresse oder in Dokumenten genannt worden sein. Oder es muss herausgefunden werden, wer damals Bürgermeister oder Lokalreporter war. Dabei sollten die Schüler von der grundsätzlichen Frage „Wer kann überhaupt etwas über das uns interessierende Thema wissen?" zu reflektierteren, theoriegeleiteten Fragen übergehen, z. B. „Welchen sozialen oder sonstigen Gruppen sollten die Zeitzeugen angehören (Alter, Geschlecht, soziale Herkunft, ethnische Zugehörigkeit etc.)?"

Innerhalb einer Lerngruppe werden bei der Frage nach geeigneten Zeitzeugen sicherlich auch Eltern genannt werden. Jedoch erweist sich ihr Einsatz häufig als problematisch, weil damit familiäre Konflikte in die Lerngruppe getragen werden können und weil der entsprechende Schüler sich bei der Analyse und Beurteilung wahrscheinlich nicht frei verhalten kann. Ähnliche Probleme können auch bei anderen Verwandten (Groß- und Urgroßeltern, Onkel und Tanten etc.) auftreten, auch wenn die Identifikation mit ihnen nicht so stark ist wie bei den Eltern (vgl. Körber 2000). Es muss ebenfalls bedacht werden, dass Konflikte und Statushierarchien innerhalb der Lerngruppe auf einen „Verwandtschaftszeitzeugen" projiziert werden können. Auch der Lehrer selber kommt als Zeitzeuge in seiner Klasse nicht in Frage – mag er auch noch so viel erlebt und zu sagen haben. Er kann sich nicht problemlos aufspalten in den, der vor der Lerngruppe aus seinem Leben erzählt, und den, der mit der Lerngruppe diese Erzählung erörtert.

Sollten sich selbst unter den entfernter Verwandten und Bekannten keine geeigneten Personen finden, stellt sich die Frage, wie auf anderen Wegen Zeitzeugen gefunden werden können. Es ist zum Beispiel möglich, ein Inserat in einer Lokalzeitung aufzugeben oder eine Anfrage an ein Altersheim oder eine Altenbegegnungsstätte zu richten. Man sollte allerdings gleich deutlich machen, dass nicht jede(r), der/die sich meldet, für das Interview in Frage kommt. Dazu bietet es sich an, den potentiellen Erzählern einen Brief zu schreiben, in dem ihnen das Projektziel, der Fragehorizont und das Procedere kurz erläutert werden (s. Anhang, S. 104). Dabei kann auch gleich darauf hingewiesen werden, dass das Gespräch allein mit dem Zeitzeugen und unter Ausschluss weiterer Personen geführt werden soll. Kommt es doch nicht selten vor, dass ein Zeitzeuge die Anwesenheit des Ehepartners, der Kinder oder der Enkel für problemlos und selbstverständlich hält, weil er glaubt, dadurch würde die Erzählung seiner Erinnerungen nicht oder kaum beeinflusst werden.

Auf diesen Wegen kann eine Liste potentieller Zeitzeugen entstehen, aus der dann – mit Blick auf die Interviewkapazitäten der Lerngruppe – die „definitiven" Zeitzeugen ausgewählt werden müssen. Bei größeren Projekten mit mehreren Zeitzeugen empfiehlt es sich, im Klassenraum einen Überblick anzubringen, um zu deutlich zu machen, wer wann wen interviewt – und dazu eventuell welche Geräte braucht.

Manche Oral Historians führen auch noch Vorgespräche – eine zeitaufwändige und für Schulen meistens schwer organisierbare Veranstaltung, die allerdings den Vorteil hat, den Schülern schon einen ersten direkten Eindruck von „ihrem" Zeitzeugen zu vermitteln. Sollen mehrere Zeitzeugen zu einem Thema interviewt werden, so sollte auch darüber nachgedacht werden, in welcher Reihenfolge dies am besten geschieht. Es kann z. B. vorteilhaft sein, zunächst jemanden zu befragen, von dem man weiß, dass er aufgrund seiner (ehemaligen) offiziellen oder inoffiziellen Stellung über besonders reichhaltige oder langjährige Erfahrungen und Informationen zu dem Thema verfügt. Über solche Zeitzeugen können dann nach dem Schneeballprinzip eventuell weitere Zeitzeugen gefunden werden.

Wenn Jugendliche oder gar Kinder im Rahmen eines schulischen Projektes mit ihnen fremden älteren Personen ein Gespräch über deren Leben führen sollen, so ist auch zu bedenken, dass diese Erwachsenen den Jüngeren über ihre Erfahrungen eventuell auf eine Art berichten, die von mehr oder weniger ausgeprägten Erziehungsintentionen bestimmt ist. Der (nach)fragende Schüler wird dann nicht als jemand ernst genommen, der neugierig ist, etwas über das Leben der Menschen in früheren Zeiten herausfinden und sich ein Urteil darüber bilden möchte; vielmehr wird er nur als Adressat eindeutiger Lehren aus der Geschichte gesehen – ihm fehlen offenbar die „Erfahrungen", die der Zeitzeuge gemacht und aus denen er seine Lebensauffassung (angeblich) abgeleitet hat. Jugendliche haben meistens ein feines Gespür für die Entmündigung, die mit einem solchen Standpunkt verbunden ist. Wenn sich eine solche Konstellation im Vorfeld eines Interviews abzeichnet, sollte man als Lehrer eher auf das Gespräch verzichten. Jedoch wird man solche asymetrischen und moralisierenden Gesprächsverläufe nie vollständig voraussehen und verhindern können. Umso mehr kommt es dann in der Auswertungsphase darauf an, mit den Schülern zu diskutieren, warum das Gespräch bei ihnen möglicherweise Unbehagen hervorgerufen hat.

Man kann sich auch sogenannter „Profi-Zeitzeugen“ bedienen, d. h. Personen, die ihre Geschichte schon öfters vor Lerngruppen erzählt haben. Bei ihnen handelt es sich oft um Personen, denen – wirklich oder vermeintlich – auf besonders umfassende oder perfide Art Leid und Unrecht zugefügt wurde und die ihr eigenes Opfer-Schicksal als Mahnung an die nachwachsenden Generationen vermitteln wollen. Sie haben oft ein ausgeprägtes pädagogisches Interesse und verstehen sich als Überbringer wichtiger moralisch-politischer Botschaften. Profi-Zeitzeugen sind an das öffentliche Auftreten gewöhnt, sind deshalb mit dem Fragehorizont von Heranwachsenden vertraut und kennen deren Reaktionen auf „ihre“ Geschichte. Die Erfahrungen mit dem wiederholten Vortragen der eigenen Geschichte führen allerdings bei diesen Zeitzeugen häufig dazu, dass ihre Erzählungen durch die Beseitigung von Widersprüchen und Brüchen und durch Integration angelesener oder gehörter Elemente „geglättet“ und „pointierter“ sind. Schließlich wird die kritische Auseinandersetzung mit solchen Zeitzeugen häufig dadurch erschwert, dass sie in ihrer Professionalität sehr dominant wirken.

Zeitzeugen lassen sich manchmal auch über so genannte Zeitzeugenbörsen finden. So gibt es in Berlin den Verein „Zeitzeugenbörse e. V.“, der eine eigene Website unterhält (http://www.zeitzeugenboerse.de/index.html). In Rheinland-Pfalz wurde vom Ministerium für Bildung, Wissenschaft, Jugend und Kultur in Kooperation mit dem Pädagogischen Landesinstitut und dem Geschichtslehrerverband eine Beratungsstelle „Zeugen der Zeit. Koordinierungsstelle für Zeitzeugengespräche im Unterricht“ eingerichtet. Die Stelle vermittelt Zeitzeugen zu den unterschiedlichsten Themen und berät die Schulen beim Einsatz dieser Personen (weitere Informationen über: http://zeitzeugen.bildung-rp.de/zeitzeugen-das-projekt.html).

5.2.4 Technische Voraussetzungen

Vor ca. vier Jahrzehnten erfuhr die Oral History in ihren Anfängen durch das Aufkommen tragbarer Cassetten- und Videorecorder einen entscheidenden Aufschwung. Aufzeichnungen wurden damit nicht nur erheblich einfacher und billiger. Es war nun auch möglich, längere Szenen an einem Stück auf Video aufzunehmen, sodass das Interview und damit der Redefluss nicht mehr für das Wechseln von Filmspulen unterbrochen werden musste (vgl. Keilbach 2008, S. 190). Heutzutage sind diese Gerätetypen technisch schon wieder veraltet, viele Jugendliche werden vermutlich noch nie einen solchen Recorder bedient haben. Heute werden Audio- und Filmaufnahmen zumeist digital hergestellt und gespeichert. Jedes durchschnittliche Handy bzw. Smartphone ist mit entsprechenden Funktionalitäten ausgestattet, die auch Schüler im Allgemeinen schon früh beherrschen. Daneben gibt es entsprechend ausgestattete Bild- und Filmkameras der verschiedensten Qualitätsstufen. Das Problem bei Zeitzeugenbefragungen im schulischen Kontext ist also nicht mehr, dass überhaupt Aufnahmegeräte zur Verfügung gestellt werden müssen. Probleme ergeben sich eigentlich erst dann, wenn die Präsentationsabsichten eine (sehr) gute Qualität der Aufnahmen erfordern oder wenn die Aufnahmen bearbeitet werden müssen. In diesem Fall sind professionelle Geräte, separate Mikrophone und gute Bearbeitungsprogramme notwendig.

Videoaufnahmen sind oftmals reinen Tonaufnahmen vorzuziehen, weil sie auch viele nicht-verbale Dimensionen der Interviews erfassen. Eben deshalb eignen sie sich auch besser für eine Präsentation am Projektende. Allerdings sind Tonaufnahmen oftmals einfacher und dezenter zu arrangieren als die Arbeit mit einer Filmkamera oder einem Camcorder. Für viele schulische Zwecke, bei denen das Sammeln von Informationen und Geschichten das Interpretieren überwiegt, reichen Tonaufnahmen im Allgemeinen völlig aus.

Schüler sollten aber explizit darauf hingewiesen werden, dass das Funktionieren der Geräte in der Interviewsituation sichergestellt sein muss. Nichts ist ärgerlicher, als wenn die Aufnahme aus technischen Gründen misslingt. Die Schüler sollten deshalb die Aufnahmefunktion vorher ausprobiert haben und sie sollten wissen, auf welche Art das beste Ergebnis erzielt wird. Dazu zählt auch die Frage, ob das eingebaute Mikrophon, über das viele Geräte verfügen, ausreicht, oder ob man sich eventuell um ein externes Mikrophon kümmern muss. Um eine gute Aufnahmequalität zu erreichen, sollte man auch darauf achten, wie das Mikrophon bzw. das Gerät positioniert werden muss und ob es störende Nebengeräusche (z. B. Straßenlärm durch geöffnete Fenster) gibt. Schließlich sollte man sich vergewissern, ob der Akku ausreichend geladen ist und ob das Speichermedium hinreichend groß ist. Zur Sicherheit empfiehlt es sich, einen Ersatz-Akku und eine Ersatz-Speicherkarte dabei zu haben.

5.2.5 Ein Gespräch vorbereiten und planen

Die unabdingbare Voraussetzung dafür, ein Interview kompetent führen zu können, besteht in gründlichen und sicheren Kenntnissen über die Verhältnisse bzw. Ereignisse, zu denen der Zeitzeuge befragt werden soll. Nur bei hinreichenden Sachkenntnissen ist gewährleistet, dass der Interviewer während des Interviews von dem Zeitzeugen als ernsthaft interessierter und engagierter Gesprächspartner wahrgenommen wird.

Wer z. B. im Verlauf eines Gesprächs eine Nachfrage von der Art „Und im Juni 1945 war der Krieg wirklich schon zu Ende?“ stellen würde, wäre ob seiner Unkenntnis sicherlich diskreditiert – selbst wenn es sich um Schüler handelt. Historisches Allgemein- und Überblickswissen reicht alleine aber noch nicht aus. So weit wie möglich sollte man auch auf die konkrete Lebensgeschichte und die Lebensumstände des Zeitzeugen vorbereitet sein und sich Wissen über dessen frühere Wohnort(e), Berufstätigkeiten etc. angeeignet haben. Wenn z. B. bekannt ist, dass der Zeitzeuge längere Zeit in einer größeren Fabrik gearbeitet hat, die inzwischen nicht mehr existiert, so sollte man sich im Vorfeld des Gespräches über dieses Unternehmen informieren. Generell gilt: Je mehr man als Interviewer über die Zeit- und Lebensumstände weiß, um so eher ist man schon während des Interviews in der Lage, besonders interessante, überraschende oder auch zweifelhafte Aussagen zu bemerken und qualifizierte Nachfragen zu stellen. Es ist deshalb notwendig, sich schon vor dem Interview von dem Zeitzeugen Informationen über sein Leben geben zu lassen.

Bevor Schüler ein Gespräch mit Zeitzeugen führen, sollten sie ihr „Forschungsinteresse“ in der Form eines strukturierten Fragekatalogs operationalisieren. Dazu ist es erforderlich, dass sie ihre leitende historische Frage in sachgemäße, personenbezogene und gesprächsadäquate Unterfragen aufgliedern. Je jünger sie sind, um so mehr sind Schüler während des Interviews auf einen solchen Leitfaden angewiesen. Allerdings sollte ihnen auch nach und nach bewusst gemacht werden, dass ein schematisches „Abhaken“ der Fragen den Erzählfluss des Zeitzeugen versiegen oder gar nicht entstehen lassen kann, weil seine Erzählbedürfnisse damit möglicherweise übergangen werden. Deshalb sollten am Anfang des Katalogs eher offene Fragen stehen, die den Zeitzeugen Gelegenheit geben, seine Geschichte zu erzählen. Gegen Ende des Gesprächs muss der Interviewer dann einschätzen, inwiefern konkretere Fragen vom Zeitzeugen schon implizit beantwortet wurden oder ob sie noch explizit gestellt werden müssen. Die Entwicklung eines Leitfadens für Interviews zum Thema „Jugendliche in der Nachkriegszeit“ schildert (Horst 2000). Er verweist auf die Gefahr des formalen Abarbeitens und Ablesens, betont aber auch, dass ein solches Vorgehen für ungeübte und unsichere Schüler hilfreich sein kann.

Im Vorfeld des Interviews ist auch zu überlegen, ob Kopien von interessanten Fotos, Dokumenten, Zeitungsberichten etc. oder markante Aussagen aus Darstellungen, auf die man im Zuge der Vorbereitung gestoßen ist, mit in das Gespräch genommen werden sollen. Wenn man sie dem Zeitzeugen vorlegt, können sie eventuell sein Gedächtnis stimulieren, ihn auf Erinnerungen bringen, die ihm entfallen waren oder die er verdrängt hatte.

Zur Vorbereitung des Interviews gehört schließlich auch die Überlegung, wie man den Zeitzeugen eine Aufmerksamkeit (Blumenstrauß etc.) dafür erweisen kann, dass er sich für das Gespräch zur Verfügung gestellt hat.

5.2.6 Das Interview

Normalerweise interviewt ein Geschichtswissenschaftler einen Zeitzeugen in dessen Wohnung. Die gewohnte Umgebung – zu der auch die Gegenwart all der Memorabilien zählt, die in einem Haushalt aufbewahrt werden – und die Beschränkung auf einen einzigen Interviewer sollen dem Zeitzeugen das Erzählen erleichtern. Wird hingegen ein Zeitzeugengespräch im Rahmen eines Schul- bzw. Unterrichtsprojektes geführt, so können auch andere Konstellationen sinnvoll sein. Wenn Schüler ihnen fremde Zeitzeugen zu Hause aufsuchen, so spricht vieles dafür, dies zu zweit oder zu dritt zu tun, weil ein Schüler allein mit der Situation leicht überfordert sein kann. Treten die Schüler hingegen als Kleingruppe auf, so können sie sich jeweils ganz oder abwechselnd auf bestimmte Tätigkeiten konzentrieren, indem z. B. einer das Gespräch führt und der andere das Aufnahmegerät kontrolliert und sich Notizen macht.

Eine gänzlich andere – weitaus weniger vertraute und abgeschottete – Situation ergibt sich, wenn die gesamte Lerngruppe ein Zeitzeugengespräch führt. Dies ist meistens dann der Fall, wenn der Zeitzeuge in die Schule eingeladen wird oder wenn das Gespräch in einem Museum, einer Gedenkstätte oder an einem ähnlichen Ort stattfindet. In diesem Fall begibt sich der Zeitzeuge auch räumlich in die Öffentlichkeit, er steht einer größeren Gruppe in einer ihm zumeist fremden Umgebung Rede und Antwort. Während auf die Organisation des Zeitzeugengesprächs in einer Gedenkstätte oder einem Museum häufig nur wenig Einfluss genommen werden kann, sind die Spielräume im Rahmen der Schule größer. So kann beispielsweise der Zeitzeuge zunächst von einer kleinen, besonders gut vorbereiteten Gruppe von drei bis vier Schülerinnen und Schülern vor der zuhörenden Lerngruppe interviewt werden, bevor im späteren Verlauf auch Fragen aus dem Auditorium gestellt werden. Als schlechter praktikabel hat es sich erwiesen, wenn die Klasse bzw. der Kurs gemeinsam inhaltliche Schwerpunkte setzt, zu denen jeweils aus einer Gruppe dem Zeitzeugen Fragen gestellt werden. Hierbei entsteht ein Druck, jede Gruppe gleichermaßen zu Wort kommen zu lassen, wodurch der Gesprächsverlauf sehr eingeengt wird. Für die spätere

Auswertung und Nachbesprechung kann es schließlich auch nützlich sein, wenn mehrere Schüler mit der Dokumentation des Interviews in Form einer Ton- oder Videoaufzeichnung oder einer schriftlichen Zusammenfassung beauftragt werden.

Die Durchführung eines Zeitzeugeninterviews schwankt zwischen den zwei Polen des strukturierten und des offenen Interviews. Das strukturierte Interview besteht aus einer Reihe zuvor festgelegter Fragen, die im Gespräch nach und nach abgearbeitet werden. Das offene Interview hingegen lässt der interviewten Person viel Raum, um ihre eigene Geschichte zu erzählen. Je offener ein Interview geführt wird, umso mehr kommt es darauf an, dass der Interviewer aufmerksam und genau zuhört. Er muss sehr genau erfassen, welche Bedeutung die erzählten Begebenheiten für den Erzähler (als Mann oder Frau, als älterer oder jüngerer Mensch, als Schwarzer oder Weißer etc.) haben. Es ist dem Interviewer sehr zu empfehlen, sich während des Gesprächs kurz zu notieren, zu welchen Punkten noch Unklarheiten oder Fragen bestehen, um hierauf später im Gespräch oder in einem weiteren Gespräch zurück zu kommen.

Bei Interviews, die von Schülergruppen oder von Klassen geführt werden, wird es sich meistens um mehr oder weniger strukturierte Interviews handeln. Fragen, die zu spezifisch sind (etwa nach bestimmten Zeit und Ortsangaben), können den Zeitzeugen aus dem Erzählfluss bringen und ihn verunsichern. Deshalb sollten sie während des Interviews möglichst vermieden und eventuell erst am Ende oder in einem Nachgespräch gestellt werden. Das Gleiche gilt für Fragen, auf die nur mit „Ja" oder „Nein" geantwortet werden kann („Wohnten Sie damals in Hamburg?" „Und gingen Sie dort zur Schule?") oder die eine bestimmte Antwort suggerieren. Statt mit „Vermutlich hatten Sie nach 1945 eine unglückliche und harte Kindheit" zu beginnen, sollte man mit „Bitte schildern Sie ihre Kindheit" anfangen.

Das halboffene lebensgeschichtliche Interview kann in vier Phasen angelegt werden: 1.) Eine offene Phase, in der der Zeitzeuge seine Lebensgeschichte erzählt und sich der Interviewer weitgehend zurückhält. 2.) Eine Phase des unmittelbaren Nachfragens zu nicht verstandenen Einzelheiten. 3.) Eine Phase, in der auf die Frageliste Bezug genommen wird, die vor dem Interview erarbeitet wurde. 4.) Eine Streitphase, in der Differenzen zwischen Zeitzeugen und Interviewer thematisiert werden (Plato 2000, S. 21 ff.)

Methoden und Techniken der klientenzentrierten Gesprächsführung nach Carl Rogers (2013) legen es nahe, bei Gesprächen, mit denen die biografische Selbstbeschreibung unterstützt werden soll, vor allem auf das aktive Zuhören und auf das Spiegeln/Verbalisieren zu achten. Beim aktiven Zuzuhören signalisiert der Zuhörer dem Sprecher in knapper, erzählbegleitender Form, welche affektiv-emotionalen Botschaften er dem Erzählten entnimmt. Dazu sind sowohl nonverbale Zeichen wie Augenkontakt, Nicken, Hinwendung des Oberkörpers und des Kopfes, Mimik, Gestik etc. nützlich als auch verbale Reaktionen wie kurze Äußerungen, die Bestätigung, emotionale Beteiligung und Fragen ausdrücken (z. B. ah, mhm, ach), und eine Vielzahl kurzer Rückfragen (z. B. Das wurde wirklich so gesagt?, Wie bitte?!, Das ist interessant. Und wie fühlen Sie sich dabei?). Auch eine kurze, affektiv betonte Zusammenfassung kann als aktives Zuhören gelten, wenn mit ihr keine ausgesprochene Wertung verbunden ist. Beim Spiegeln zeigt der Zuhörer durch eine etwas anders ausgedrückte oder betonte Zusammenfassung des Erzählten, dass er den Erzähler verstehen will und verstanden hat. Für die Gesprächsführung ist es auch wichtig, dass der Interviewer nicht-adäquate Verhaltensweisen wie Bagatellisieren, Diagnostizieren, Examinieren, Interpretieren, Moralisieren und Intellektualisieren unterlässt.

Schüler können sich auf Zeitzeugengespräche mittels verschiedener Übungen vorbereiten:

- Sammeln, Bestimmen und Systematisieren von eigenen Erfahrungen mit Gesprächen, die von ihnen als „gut“ und angenehm empfunden wurden.
- Rollenspiele zum Zuhören, die zum einen das Verhalten eines „schlechten Zuhörers“ (ist abgelenkt, wirkt desinteressiert, stellt viele Zwischenfragen etc.), zum anderen das Verhalten eines guten Zuhörers demonstrieren.
- Durch die Modellierung von Standbildern von einem „guten Zuhörer“ die Aufmerksamkeit auf non-verbale Kommunikationsaspekte richten (Wie sollte der Interviewer sitzen? Wie sollte er den Interviewten ansehen?)
- In Dreier-Gruppen (Erzähler, Interviewer, Beobachter) das aktive Zuhören üben (vgl. Narkunas 2011)
- Paarweises Üben des „Spiegelns“ von Aussagen und Emotionen.
- Kleingruppen führen Probeinterviews vor der Klasse mit Personen, die dazu bereit sind. Wenn die Interviews mit einer Kamera gefilmt werden, kann anschließend nach der Betrachtung diskutiert werden, ob die Fragen bestimmten Situationen angemessen waren und welche Alternativen es gegeben hätte (vgl. Lange 2000; Wood 2001, S. 38).

Eine Art „Methodentraining Zeitzeugenbefragung“ kann auch mittels der Gegenüberstellung eines „guten“ und eines „schlechten“ Interviewstils erfolgen. Tatsch (2010) führt dies am Beispiel zweier Interviews aus den Jahren 1984 und 1995 vor, die die Nachkriegszeit betreffen.

Drei zusammenfassende Empfehlungen für die Gesprächsführung sind hervorzuheben:

- Der Zeitzeuge sollte nicht unterbrochen werden. Macht er eine Pause während seiner Erzählung, so stelle man nicht gleich eine neue Frage, sondern warte einige Sekunden ab. Es kann ja gut sein, dass der Zeitzeuge die Pause benötigt, um sich besser zu erinnern, eine Formulierung zu finden oder eine Entscheidung darüber zu treffen, wovon er weiter berichten möchte.
- Als Zuhörer signalisiere man dem Zeitzeugen Aufmerksamkeit und Interesse. Kurze positive Feedbacks zählen ebenso hierzu wie eine entspannte Grundhaltung. Kaum etwas wirkt auf einen Zeitzeugen demotivierender als ein hektischer und abgelenkter Interviewer, der eventuell sogar auf die Uhr schaut, weil er noch rechtzeitig zum Fußballtraining kommen will.
- Während des Gesprächs sollte man dem Zeitzeugen nicht direkt widersprechen oder mit ihm eine Debatte anfangen – auch dann nicht, wenn er politisch oder moralisch fragwürdige Positionen vertritt. Man sollte ihn eher dazu bringen, seine Auffassung zu explizieren, indem man sich nach seinen damaligen Motiven und Gefühlen erkundigt.

Schüler werden in der Regel keine lebensgeschichtlichen Interviews führen, sondern werden sich nach den Erinnerungen der Zeitzeugen an bestimmte Ereignissen oder Verhältnisse erkunden. Dabei kann es jedoch leicht zu einem Widerspruch zwischen den Absichten der Schüler und den Absichten des Zeitzeugen kommen: Häufig wollen Zeitzeugen mehr oder anderes von sich erzählen als nur die Aspekte, die für das thematische Interesse der Schüler von Belang sind. Für sie selber ist das, wonach die Schüler fragen, möglicherweise von geringerer Bedeutung, weil für ihr Leben anderes viel wichtiger war. Als Beispiel kann das im Anhang abgedruckte Interview mit Frau R. dienen: Obwohl für den Interviewer die Schulverhältnisse in Kassel in der Nachkriegszeit im Mittelpunkt standen, tendierte die Zeitzeugin dazu, ihr Leben während des Krieges zu schildern. In solchen Fällen muss der Interviewer ad hoc entscheiden, wie er mit der Situation umgehen möchte: Wie schnell und deutlich er das Gespräch auf die ihn interessierenden Aspekte zurückführen möchte (was auf den Zeitzeugen demotivierend wirken kann) bzw. in welchem Ausmaß er das Erzählbedürfnis des Zeitzeugen und dessen Prioritätensetzung anerkennt und für interessant befindet. In solchen Situation muss auch auf der Stelle entschieden werden, ob es nicht angebracht ist, ein weiteres Interview mit dem Zeitzeugen zu führen, weil sich erst nach einiger Zeit des Erzählens, Nachdenkens und Miteinander-Umgehens eine gewisse Vertrautheit mit der Sache und der Situation einstellt. Den idealen Verlauf nimmt ein Zeitzeugeninterview dann, wenn der Interviewte mit dem Erzählen von Geschichten beginnt, die er noch nicht oder seit langer Zeit nicht mehr erzählt hat; wenn also durch das Gespräch bei ihm Erinnerungen geweckt werden, für die er nicht auf geläufige Muster und Formulierungen zurück greifen kann.

Auch wenn eine längere Lebensphase oder gar das gesamte Leben einer Person im Mittelpunkt des Interviews steht, kann es leicht passieren, dass weitere Interviews geführt werden müssen bzw. sollten. Das intensive Erinnern und Erzählen, das in dieser Form für viele (nicht nur ältere) Menschen eher ungewöhnlich ist, führt dazu, dass nach einer gewissen Zeit eine geistige Erschöpfung und ein Nachlassen der Konzentration eintritt. Interviews dauern deshalb selten länger als zwei Stunden. Wenn man merkt, dass der Zeitzeuge ermüdet, sollte man den Vorschlag machen, das Gespräch zu einem anderen Zeitpunkt fortzusetzen. Dies hat oft auch den Vorteil, dass sowohl der Zeitzeuge als auch der Interviewer noch mal über das bis dahin Erzählte nachdenken können.

Wird das Interview in der Wohnung des Zeitzeugen geführt, so ergibt sich leicht die Situation, dass Objekte in das Gespräch einbezogen werden, die mit den Erinnerungen zusammenhängen, z. B. Bilder von Familienangehörigen, Fotoalben, Dokumente, Tagebücher etc. Dies kann einerseits das Gedächtnis des Erzählers stimulieren, andererseits besteht aber auch die Gefahr, dass das Gespräch alsdann entlang der Reihenfolge der eingeklebten Fotos oder der Tagebucheinträge verläuft. In diesem Fall sollte der Interviewer behutsam auf den ursprünglichen Erzählstrang zurück lenken. Sofern der Zeitzeuge zustimmt, sollten von den Gegenständen, die für die spätere Analyse und Interpretation aufschlussreich sein können, auf jeden Fall Kopien bzw. Fotos angefertigt werden.

5.2.7 Verschriftlichung/Transkription und Aufbereitung

Oral History hat zunächst ein Ziel, das den Schülern aus dem alltäglichen Geschichtsunterricht nicht geläufig ist: Ihr geht es um das Auffinden und Dokumentieren bisher nicht bekannter „Quellen", sie macht erst aus Erinnerungen Quellen. In diesem Sinne ist ihr ein „mäeutischer" Charakter attestiert worden (Vorländer 1990, S. 7ff). Was als Grundlage der Beantwortung von „Fragen an die Geschichte" dienen soll, die Ton- bzw. Videoaufzeichnung, wird erst auf Initiative und unter Mitwirkung des Forschenden im Erkundungsprozess geschaffen, wird nicht als schriftliche Quelle im Archiv oder als archäologisches Relikt im Erdreich vorgefunden – und steht schon gar nicht im Arbeitsteil des Geschichtsbuches. Die Besonderheit, dass die „Quelle“, die später analysiert werden soll, auf Anregung des Fragenden entsteht, dass der Forschende also auf diese Art seinen materiellen Untersuchungsgegenstand schafft, ist immer wieder einer der Anlässe für den Vorwurf gewesen, Oral History verfahre unwissenschaftlich. Schon um sich dieser Kritik stellen zu können, aber natürlich auch um die Aufzeichnung für Analyse und Interpretation zugänglicher zu machen, ist zumindest im Bereich der wissenschaftlich betriebenen Oral History eine möglichst genaue und umfassende Dokumentation des Interviews, das in der Form einer Ton- oder Videoaufzeichnung vorliegt, unumgänglich.

Bei der Transkription handelt es sich keineswegs um eine simple Formveränderung. Mit ihr geht einerseits die Aura des gesprochenen Wortes verloren, andererseits fließen schon gewisse Interpretationen ein (z. B. durch die Entscheidung für bestimmte Interpunktionen). Um das der Oral History anhaftende Moment der Spontanität des gesprochenen Wortes trotzdem möglichst weit zu erhalten, sollte das Erzählte im Idealfall so transkribiert werden, dass möglichst wenig geglättet oder korrigiert wird. Es sollte seinen Charakter als Stegreiferzählung auch in der verschriftlichen Form nicht verlieren. Die Transkription sollte deshalb im Idealfall auch jene Momente des Gesprächs bzw. der Erzählung wiedergeben, die unwichtig erscheinen oder nicht verbalisiert wurden: Dialekte, Pausen, stockendes Sprechen, gestische und mimische Besonderheiten etc. Dabei gibt es natürlich Grenzen, das Transkript kann nicht jede stimmliche Nuance und jedes Augenzwinkern festhalten. Eine genaue Transkription gibt aber eben nicht nur wieder, *was* der Befragte erzählt hat, sondern enthält auch Hinweise darauf, *wie* er es erzählt hat. Hierzu können spezielle Transskriptionszeichen verwendet werden, z. B. (vgl. Breckner 1994, S. 218):

’	kurzes Absetzen
.	längeres Absetzen
	Pause, Dauer in Sekunden
ja=ja	schneller Anschluss
viell-	Abbruch
ja:	Dehnung
nein	betont
NEIN	laut
‚nein‘	leise
(sagte er)	unsichere Transkription

((lachend)) Kommentar des Transkribierenden
( ) unverständlich; Länge der Klammer entspricht etwa der Dauer der Äußerung

Beispiel:
„Ich habe schon damals die Bücher sehr geliebt, und meine Mutter hat mir auch sehr, sehr viel vorgelesen, ich hatte vor allem einen TOLLEN Großvater, der HERRLICH erzählen konnte. ((Zeigt auf ein Bild an der Wand)) Der ist noch als Wander-, als Schreinergeselle durch Deutschland bis nach Frankreich gelaufen' auf der Walz, von Kassel bis nach (Nantes). Und dann hat er mir die ganzen Lieder und Geschichten erzählt. Und das fand ich immer, also das war einfach' TOLL! ((Lacht)) Und, ähm, (3) meine Mutter, die hat dann folgendes gemacht: Die hat dann die ganzen Nachbarskinder zusammengeholt, und dann haben wir Schule gespielt." (Vgl. auch das „Beispiel eines Interviewtranskripts" im Anhang, S. 120)

Schülern muss die Notwendigkeit des Sicherns und Speicherns als Belegsicherungsverfahren zwar bewusst gemacht werden, jedoch wird es in den allermeisten Fällen kaum möglich und nötig sein, im Rahmen des alltäglichen Unterrichts eine genaue Transkription zu erstellen. Auch mit Blick darauf, dass im Unterricht in der Regel im Nachhinein über ein Zeitzeugeninterview lediglich zusammenfassend und punktuell vertiefend gesprochen werden wird, scheint eine vollständige und präzise Transkription nicht sinnvoll zu sein. Es ist aber für Unterrichtszwecke durchaus angebracht, zumindest solche Interview-Passagen von Schülern wörtlich transkribieren zu lassen, die für das Schicksal und das Bewusstsein des Zeitzeugen besonders wichtig oder charakteristisch zu sein scheinen.

Schüler der Sekundarstufe I sollten jedenfalls dazu in der Lage sein, ein Interview durch eine sequentielle Gliederung oder durch eine prägnante Zusammenfassung für die Analyse und Interpretation überschaubar und damit besser handhabbar zu machen.

Beispiel für die sequentielle Gliederung eines knapp zehnminütigen Interviewabschnitts nach Sinneinheiten (siehe „Beispiel eines Interviewtranskripts“ im Anhang, S. 120):

Zeit	*Wovon wird erzählt?*
1.-2. Min.	Lehrer und Unterricht an der Höheren Handelsschule im Jahr 1948; Namensänderungen der Schulen in Kassel nach dem Krieg
3.-4. Min.	Tätigkeiten nach dem Abschluss der Mittelschule im Jahr 1943
5.-7. Min.	Arbeitsdienst in Jersberg 1943; Katastrophenhilfe nach der Bombardierung der Edertalsperre am 16. Mai 1943
8. Min.	Kriegsdienstmaid auf dem Fliegerhorst Fritzlar
9. Min.	Wie das Foto aus dem Arbeitsdienstausweis (1943) nach dem Krieg in den Führerschein kam.

Beispiel für die Zusammenfassung wichtigster Lebensdaten auf der Grundlage eines Interviewabschnittes:
„Frau R. war am Kriegsende 20 Jahre alt und lebte in K. Nachdem sie 1943 die Mittelschule abgeschlossen hatte, meldete sie sich freiwillig für ein halbes Jahr zum Arbeitsdienst, weil eine Ausbildung in ihrem Wunschberuf (physikalische Chemie) nicht möglich war. Sie half beim Aufräumen nach dem alliierten Bombenangriff auf die Edertalsperre am 16. Mai 1943. Vermutlich ab dem Herbst 1943 war sie als „Kriegsdiensthilfsmaid“ auf dem Fliegerhorst Fritzlar tätig. 1948 gehörte sie zum ersten Jahrgang der Höheren Handelsschule in K.“

Zur Vorbereitung für den nächsten Schritt, die Analyse und Interpretation, gehört das Klären von Orts- und Personennamen und von Hintergrundereignissen, die erst im Zuge des Interviews genannt werden. Die Schüler müssen zu diesem Zweck Orte und Wege anhand von Karten auffinden, müssen Lexika, Wörterbücher, Handbücher etc. zu Rate ziehen. Die Recherche kann zwar durch die Nutzung des Internets vereinfacht werden, es werden aber mit Sicherheit Situationen eintreten, die auch Grenzen und die Fragwürdigkeit dieser Art der Informationsbeschaffung deutlich machen.

Auch das bewährte Instrument der Zeitleiste kann an dieser Stelle hilfreich sein. Mit ihm lassen sich nicht nur Lebensphasen des Interviewten, sondern auch zeitliche Parallelereignisse anschaulich aufzeigen. Zunächst bietet es sich an, auf der Grundlage des Erzählten einen tabellarischen Überblick über das Leben bzw. den betreffenden Lebensabschnitt des Interviewten zu erstellen bzw. zu vervollständigen. Indem in eine zweite

Spalte dieser Tabelle Ereignisse aus dem öffentlichen Leben aufgenommen werden, kann die Parallelität von Privatleben und gesellschaftlichem Leben sinnfällig gemacht werden.

5.2.8 Analyse, Interpretation, Beurteilung

Sind Gespräche mit Zeitzeugen transkribiert, sequentiell gegliedert und eventuell zusammengefasst worden, beginnt mit der Auswertung die schwierigste Arbeitsphase. Es sollte selbstverständlich sein, dass der Zeitzeuge bei der Auswertung des Gesprächs nicht anwesend ist!

Soziologen, Ethnologen, Linguisten, Psychologen u. a. haben wissenschaftlich ausgeklügelte Verfahren entwickelt, um Interviews zu analysieren und zu interpretieren (z. B. objektive Hermeneutik, dokumentarische Analyse etc.; vgl. Wierling 2003, S. 136 ff.; Schütze 1976; Geertz 1988; Straub 1988). Solche Vorgehensweisen können und sollen Schülerinnen und Schülern aber allenfalls ansatzweise und tendenziell nahe gebracht werden. Für den Unterricht ist es sinnvoll, drei klar voneinander abgrenzbare Untersuchungsebenen im Auge zu behalten.

1. Die Ebene der Fakten, die der Zeitzeuge über sich und die damalige Zeit erwähnt, die der Lerngruppe bisher noch nicht bekannt waren und die eventuell gewisse „Lücken“ schließen oder ein neues Licht auf das damalige Geschehen werfen.
2. Die Ebene der Kontextualisierung und der Überprüfung des Erzählten: Vergleich des Zeitzeugenberichtes mit anderen Zeitzeugenberichten, mit sonstigen anderen Quellen und mit wissenschaftlichen Darstellungen. Inwiefern ist das Erzählte in sich schlüssig und stimmig und inwiefern passt es zu dem, was über andere Wege in Erfahrung gebracht werden kann? Auf dieser Ebene sollte also die Validität und die Reliabilität der Erzählung, d. h. ihre innere Konsistenz und Schlüssigkeit, ihre (Nicht-)Übereinstimmung mit anderen Quellen und ihre Verträglichkeit mit dem Kontextwissen evaluiert werden (vgl. Thompson 1988, 239 f.). Man sollte sich auch darüber klar werden, wie der Befragte von welchen Teilen des Erzählten Kenntnis bekommen hat und inwiefern andere Erzählungen das Erzählte bestätigen oder in Frage stellen. In dieser Arbeitsphase spielt deshalb der Vergleich mit anderen Überlieferungen und Darstellungen eine zentrale Rolle.
3. Die Ebene der Erschließung der Überzeugungen und Einstellungen des Zeitzeugen in Vergangenheit und Gegenwart: Stellt er sich als jemanden dar, der sein Leben lang seinen Auffassungen und Standpunkten treu blieb, oder lässt seine Erzählung auch Brüche, Selbstzweifel, Entwicklungen etc. erkennen? Spricht er distanziert über sein

früheres Leben? Bei welchen Punkten zeigt er emotionale Bewegtheit? Auf dieser Ebene sollten unterschiedliche Perspektiven annähernd erarbeitet werden: die (wechselnde) Perspektive der damals handelnden Person, die Perspektive ihrer Schilderung des damaligen Handelns vom heutigen Standpunkt aus und die der heutigen Zuhörer. Zwei gedankliche Operationen sind hierfür besonders geeignet. Zum einen können wichtige Etappen und Weichenstellungen im Leben der Zeitzeugen gezielt daraufhin durchdacht werden, welche alternativen Verhaltensweisen oder Entscheidungen möglich gewesen sein könnten. Indem man sich bewusst darum bemüht, von dem weiteren Lebenslauf zu abstrahieren, wird der früheren Situation ein Stück weit die Offenheit zurückgegeben werden, die im Rückblick oftmals verschwindet. Man kann auch davon sprechen, dass der „Möglichkeitshorizont" der Lebensgeschichte wieder geöffnet wird, um wichtige Weichenstellungen zu erkennen (Breckner 1994, 212). Zum anderen sollte man sich als Zuhörer unmittelbar nach dem Interview genau Rechenschaft darüber ablegen, von welchen Passagen der Erzählung man irritiert, überrascht oder enttäuscht war, wo sich also die eigenen Erwartungen, die man an das Gespräch mit dem Zeitzeugen hatte, auf positive oder negative Art nicht erfüllten. Diese Momente eignen sich besonders als Ansatzpunkte dafür, unterschiedlichen Sach- und Werturteilen auf die Spur zu kommen.

Um zu erschließen, warum jemand seine Lebensgeschichte(n) auf eine bestimmte Art und nicht anders erzählt, warum er also bestimmte Erfahrungen implizit und explizit für relevant erachtet, kann der Vergleich zwischen dem Gesagten und dem Nicht-Gesagten helfen. Dies kann beispielsweise in der Form der Vergegenwärtigung von Ausdrücken geschehen, die wahrscheinlich auch an die Stelle des Gesagten hätten treten können. Durch dieses Verfahren wird die faktische Äußerung als „der einzig mögliche Ausdruck eines latenten Sinns" fassbar. „Das Prinzip der Interpretation besteht darin, sich des Hofs möglicher Bedeutungen einer Äußerung zu vergewissern, noch bevor sie ausgesprochen wurde" (Bude 1997, S. 11).

Der Zeitzeuge erzählt seine Geschichte immer auch vor dem Hintergrund all dessen, was er seit der Zeit, von der er berichtet, erlebt und gedacht hat. Im Laufe der Zeit fällt es ihm nicht nur schwerer, sich überhaupt zu erinnern. Seine Beurteilung der damaligen Geschehnisse verändert sich auch durch eigenes Nachdenken und/oder durch die Art der Besprechung vergangener Ereignisse in den Medien und in der Öffentlichkeit. In dieser Hinsicht kann die Frage hilfreich sein, ob und wie der Zeitzeuge wohl seine Geschichte(n) in früheren Jahren erzählt haben mag, als er noch andere Auffassungen und Lebensziele hatte und als in der öffentlichen Erinnerung die damalige Zeit noch anders beurteilt wurde.

Grundsätzlich geht es darum, die Identifizierungen und Prägungen zu erkennen, die für den Erzähler in der Vergangenheit und Gegenwart auf irgendeine Art zentral waren. Hierfür sind häufig schon die ersten Sätze aufschlussreich, in denen viele Erzähler den historischen Rahmen skizzieren, innerhalb dessen sich ihr Leben zu einem bestimmten Zeitpunkt abspielte. Dies können beispielsweise Anfänge sein wie „Ich wuchs in einem katholischen Elternhaus auf ...", „Wir lebten damals in ärmlichen Verhältnissen ...", „Ich komme aus einer Kleinstadt ..." etc. Oftmals folgt dann die Erzählung einem damit eröffneten Plot, z. B. dem, dass im weiteren Leben christliche Werte oder die Auseinandersetzung mit ihnen eine besondere Rolle spielten, dass ein sozialer Aufstieg gelang oder dass man kleinstädtischer Spießigkeit entfloh.

Die Interpretation kann von Beginn an stärker mit Blick auf das für die Schüler Befremdliche und Ungewöhnliche an dem Zeitzeugeninterview erfolgen. So schildert Mögenburg (2000) eine zwölfstündige (!) Unterrichtseinheit in einer 11. Klasse zu einem Zeitzeugeninterview zur Nachkriegszeit. Dabei wurden drei Stufen der hermeneutischen Anstrengung mit dem Ziel der Horizontverschmelzung unterschieden. Die entsprechenden Leitfragen lauteten:

1. An welchen Personen, Ereignissen und Einstellungen, über die berichtet wird, werden für uns heute Lebende unterschiedliche Haltungen deutlich?
2. Welche zeitgenössischen und welche heutigen Begriffe sind für die Erzählung wichtig und worauf zielen sie?
3. Welche Theoreme (z. B. Projektion, Verdrängung, Kompensation etc.) erklären die Einzelphänomene am besten im Gesamtzusammenhang?

Waltraud Schreiber (2009) wiederum schlägt für die Analyse und Interpretation von Zeitzeugeninterviews im Geschichtsunterricht drei „Fokussierungs"-Ebenen vor:

1. „Fokussierung auf Vergangenes (An welchen Stellen ging es um die eigenen Erfahrungen? (Stichpunkte, was der Zeitzeuge jeweils beschreibt.)
2. Fokussierung auf die erzählte Geschichte (An welchen Stellen hat der Zeitzeuge interpretiert/gedeutet? An welchen Stellen hat er zusätzliche Erklärungen gegeben? In welcher Rolle gab er die Erläuterungen?)

3. Fokussierung auf die aktuelle Gegenwart/Zukunft (Wo wollte er eine Botschaft für die Zukunft weitergeben?)"

Auf dieser Grundlage hat Sylvia Mebus (2009, S. 69) eine Tabelle zur Analyse des Inhalts und der Darstellungsweise von Zeitzeugeninterviews erarbeitet.

Die Interpretation von Zeitzeugeninterviews wird von Beginn an dadurch bestimmt, dass Interviews unter unterschiedlichen Forschungs- und Darstellungsabsichten geplant werden: Für die Erzählung eines einzelnen Lebens, in dem sich aber allgemeine Entwicklungen spiegeln, für die Zusammenstellung typischer oder ähnlicher Lebensszenen aus verschiedenen Interviews oder für die Konstruktion einer Argumentation aus verschiedenen Elementen verschiedener Interviews (Thompson 1988, 237 f.). Wenn beispielsweise verschiedene Interviews miteinander verglichen werden sollen (wie dies z. B. Gebhardt/Hammer 2009 mit vier Zeitzeugen zur DDR-Geschichte tun), so wird dies unter schulischen Bedingungen von vornherein in stark strukturierter Form erfolgen müssen.

Theoretisch kann es passieren, dass die Analyse eines Zeitzeugeninterviews zu dem Ergebnis kommt, dass – bewusst oder unbewusst – falsch erzählt wurde. Problematisch dürfte dies nur dann sein, wenn es sich nicht um periphere Einzelheiten, sondern um „Ecksteine" oder „Scharnierstellen" der Erzählung handelt oder wenn eine „Lebenslüge" offenbar wird. In diesem (sehr seltenen) Fall steht man vor dem Dilemma, ob man den Zeitzeugen, zu dem man ja mit dem Interview ein besonderes Vertrauensverhältnis eingegangen ist, bloßstellen will. Der französische Schriftsteller und Journalist Sorj Chalandon (Jg. 1952) hat eine solche Situation in seinem Roman „Die Legende unserer Väter" (2012/2009) ausgestaltet. Ein Mann, der davon lebt, die Lebenserinnerungen anderer Personen nach deren Erzählung aufzuschreiben, erhält von einer Frau den Auftrag, die Geschichten aufzuschreiben, die ihr 85jähriger Vater ihr seit Kindesbeinen vom Widerstand gegen die deutschen Besatzer während des Zweiten Weltkriegs erzählt hat. Dem Biographen fällt aber auf, dass die Resistance-Geschichten, die ihm von dem alten Mann geschildert werden, großenteils nicht stimmen. Schließlich gibt der Greis zu, dass er die Geschichten erfunden hat, aber nicht etwa zwecks Idealisierung der eigenen Person, sondern um seiner Tochter das Bild eines heldenhaften und vorbildlichen Vaters vorzuspiegeln. Der Plot des Romans kreist um die Frage, ob es legitim ist und welche persönlichen Folgen es haben kann, die eigene Lebensgeschichte in guter Absicht, nämlich um andere zu Widerstand und Engagement zu ermutigen, zu schönen.

5.2.9 Präsentation und Archivierung

Die Arbeit, die eine Lerngruppe in ein größeres Oral-History-Projekt investiert, sollte mit einer gebührenden Präsentation, auf die von Beginn an hingearbeitet wird, abgeschlossen werden. Hierbei kann es sich beispielsweise handeln um

- eine kleine Broschüre;
- einen Artikel in der Lokalzeitung;
- eine Website;
- eine Ausstellung in der Schule, im Rathaus, in einem lokalen Museum, Archiv, Bibliothek etc.
- eine öffentliche Veranstaltung, zu der natürlich auch die Zeitzeugen und deren Angehörige eingeladen werden sollten. Ein gutes Beispiel hierfür schildern Berner/Zimmermann (2005, mit Videoaufnahme auf beigefügter CD).

Website und Ausstellung bieten den Vorteil, die Ergebnisse auch multimedial aufbereiten zu können, insbesondere Teile der Interviewaufnahmen zu integrieren. Wenn in die Präsentation in irgendeiner Weise digitalisierte Audio- und Videoaufnahmen eingebunden werden sollen, so müssen im Allgemeinen entsprechende Bearbeitungsprogramme verwendet werden (z. B. das kostenfreie Open-Source-Programm Audacity (http://audacity.sourceforge.net/?lang=de), dessen Dateien evtl. noch mit einem Encoder in mp3-Format umgewandelt werden müssen (z. B. den kostenfreien Open-Source Lame-mp3-Encoder: http://lame1.buanzo.com.ar/) oder das Videobearbeitungsprogramm Magic Video de LuxeSE (http://www.magix.com/de/).

Für Präsentationen im schulischen Rahmen oder in der lokalen Öffentlichkeit werden in der Regel interessante und markante Auszüge aus den Lebenserinnerungen verwendet werden. Dies geschieht oftmals in der Form, dass ein entsprechendes Zitat mit einem Bild und einigen Angaben zur Person kombiniert wird. Auf diese Art ist aber nicht mehr erkennbar, dass die Erinnerungen im Verlauf eines Zeitzeugeninterviews ermittelt wurden. Es ist deshalb zu überlegen, ob nicht nur in dem Gesamttranskript, sondern auch an einzelnen Stellen der Veröffentlichung die gestellten Fragen zitiert oder umschrieben werden.

Menschen, die sich auf Anfrage zu einem Interview bereit erklärt haben und ihre Geschichte(n) anderen Personen erzählt haben, gebührt Respekt und Achtung. Dabei ist es nicht damit getan, eine kleine Aufmerksamkeit als Geschenk mitzubringen und sich zu bedanken. Den Zeitzeugen sollte präzise gesagt werden, zu welchem Zweck man sie interviewt und wie mit ihren Äußerungen umgegangen werden wird, insbesondere wo und in welchem Umfang eine Publizierung vorgesehen ist. Die Zeitzeugen haben nicht nur ein moralisches, sondern auch ein gesetzliches Recht darauf, zu erfahren, was nach dem Gespräch mit ihren aufgezeichneten Erzählungen passieren soll. Es ist deshalb angebracht, sie um eine schriftliche Einverständniserklärung für die Veröffentlichung zu bitten, wobei auch festgesetzt werden kann, dass der Text, die Website etc. ihnen vorher vorgelegt werden muss.

Nach Möglichkeit sollten alle Produkte, die die Schüler oder Klassen unter Einbeziehung der Zeitzeugenaussagen erstellen, den Zeitzeugen umgehend zugänglich gemacht werden: Ihnen sollte eine Kopie der Aufnahme und gegebenenfalls auch des Transkriptes überlassen werden, es sollte ihnen die Website mit der multimedialen Collage genannt werden, sie sollten zu der kleinen Ausstellung in der Schule eingeladen werden, ihnen sollte der Bericht aus der Schulzeitung zugeschickt werden. Aber auch dann, wenn keine Veröffentlichung über den Rahmen der Lerngruppe hinaus stattfindet, spricht vieles dafür, den Interviewten die Schülerarbeiten zu zeigen. Auf diese Art tragen die Interviews effektiv zu einer wechselseitigen Beziehung zwischen der Schule und ihrer sozialen Umgebung bei.

Auch vom Standpunkt des institutionellen historischen Lernens in der Schule aus empfiehlt sich ein „nachhaltiger" Umgang mit den Interviews und den daraus hervorgehenden Schülerarbeiten und -produkten. Einerseits können gute Leistungen der Schüler nachfolgenden Jahrgängen und Projekten als Vorbild oder Anregung dienen. Andererseits handelt es sich bei den Ergebnissen der Schüler um ein Stück erforschter Real- und Mentalitätsgeschichte, das als solches durchaus bewahrenswert sein kann. Wenn die Schüler beispielsweise Interviews geführt haben, um über die Geschichte von Unternehmen, Institutionen, Vereinen etc. in der Nachbarschaft ihrer Schule mehr herauszufinden, so lohnt sich die Archivierung (z. B. in der Schulbibliothek), weil spätere Projekte in der Schule daran vielleicht anknüpfen oder sie zu Vergleichszwecken benutzen können. Die Schule gewinnt so einen Fundus an alltags- und lokalgeschichtlichen Materialien, der später für den Unterricht wieder fruchtbar gemacht werden kann, ja eventuell auch für außerschulische lokal- und regionalhistorische Forschungen von Interesse sein kann. Hinsichtlich des Archivierens der Interviews bietet sich auch die Kooperation mit örtlichen Museen und Archiven an. Schüler und Schülerinnen können zum Beispiel dazu aufgefordert werden, Interviews mit den jeweils ältesten Verwandten zu führen und darüber einen Essay zu verfassen. Das aufgezeichnete Interview wird dann mitsamt Name und Bild des Interviewten sowie dem Schüler-

Essay dem örtlichen Museum überlassen (vgl. Lyons 2007). In manchen Ländern (z. B. USA) haben sich Universitäten des Erhebens und Sammelns von Zeitzeugeninterviews angenommen und dies mit der Heranführung von Studierenden an Methoden der Oral History und der Biografieforschung verknüpft.

5.3 Unterrichtsbezogene Formen und Arrangements des Zeitzeugeneinsatzes

5.3.1 Formen mündlicher Überlieferung im Geschichtsunterricht

Mündliche Überlieferungen können im Geschichtsunterricht auf vielfältige Weise zum Gegenstand werden. Als Lehrer braucht man kein schlechtes Gewissen zu haben, wenn nicht immer alle methodischen Schritte der Oral History vollständig vollzogen werden. Auf welche Art und in welchem Umfang Zeitzeugenaussagen im Unterricht behandelt werden, hängt wesentlich von der didaktischen Absicht ab, davon, wonach mit welcher Absicht gefragt wird.

Wenn Lerngruppen Gespräche mit Zeitzeugen führen wollen/sollen, so kann dies in sehr unterschiedlichen Formen und mit unterschiedlichen Absichten geschehen. Bei allen Formen aber muss sich die Lerngruppe im Vorfeld, über den/die Zeitzeugen und seine Lebensumstände informieren sowie gemeinsam einen Themen- und Fragekatalog entwickeln, der als Leitfaden für das Interview dient. Bei allen Formen muss auch immer wieder überlegt werden, wo das Gespräch stattfinden soll, denn das Klassenzimmer ist hierfür keineswegs immer der beste Ort.

1. Die Lerngruppe führt gemeinsam ein Gespräch mit einem Zeitzeugen zu einem bestimmten Abschnitt seines Lebens. Meistens ist es sinnvoll, das Interview zunächst von einer Gruppe von zwei bis drei Schülern führen zu lassen, während der Rest der Klasse zuschaut und dabei eventuell auch besondere Beobachtungs- und Dokumentationsaufgaben wahrnimmt. In einem zweiten Teil des Interviews sollten dann auch aus dem Auditorium Fragen gestellt werden.
   Seitens orthodoxer Oral Historians dürften sich Bedenken einstellen, wenn ein Zeitzeuge durch eine ganze Klasse interviewt werden soll. Wird doch jemand, der einer solch großen Gruppe gegenübersitzt, sicherlich nicht so frei sprechen, wie wenn er daheim in vertrauter Umgebung von ein oder zwei Personen befragt wird. Solche Gesprächsformen mit größeren Gruppen können jedoch unter dem Aspekt unmittelbarer gemeinsamer Erfahrung als Grundlage eines intensiveren Diskussionsprozesses in der Lerngruppe durchaus notwendig und vertretbar sein.

2. Die Lerngruppe verfährt ähnlich wie in 1.), interviewt aber gleichzeitig zwei oder drei Zeitzeugen zu einem historischen Geschehen. Ein solches Arrangement basiert wesentlich auf der Idee, dass die Verschiedenheit der Erinnerungen der Zeitzeugen, die ergänzend oder widersprüchlich sein mag, unmittelbar in der Gesprächssituation wahrgenommen wird. Der Vorteil der Varianten 1.) und 2.) liegt darin, dass im Prinzip alle Schüler dieselbe Gesprächssituation unmittelbar wahrnehmen, sodass für eine anschließende Diskussion und Reflexion eine gemeinsame Grundlage besteht.
   Beispiel Rox-Helmer (2000): Nach der Anfertigung eines „Zeitbildes" findet ein Gesprächskreis mit zwei Zeitzeugen verschiedener Generationen zum Thema „Jugend in den 60er-Jahren" statt.
3. Kleingruppen führen Gespräche mit den Zeitzeugen zu bestimmten historischen Ereignissen. So kann beispielsweise eine Kleingruppe im Auftrag der gesamten Lerngruppe ein Interview führen. Es kann aber auch die gesamte Lerngruppe in Kleingruppen aufgeteilt werden, die jeweils einen Zeitzeugen befragen. Die Interviews werden in diesem Fall meistens in der Wohnung der Zeitzeugen stattfinden. Die Berichte der Kleingruppen (Zusammenfassungen, eventuell ergänzt um einige wörtliche Passagen) werden der gesamten Lerngruppe vorgestellt und diskutiert. Je mehr Interviews in dieser Form geführt werden, umso größer werden zwar die Vergleichs- und Ergänzungsmöglichkeiten, jedoch verbleibt natürlich andererseits pro Interview immer weniger Zeit für das Besprechen und Auswerten. Diese Variante hat den Vorteil, arbeitsteilig vorgehen zu können und so verschiedene Dimensionen, Bereiche und Wahrnehmungen des Themas durch Hinzuziehung verschiedener Zeitzeugen abdecken zu können. Allerdings wird die Auswertung im Allgemeinen eher summarisch und oberflächlich stattfinden.
   Beispiel Weggel (2000): Eine Klasse führt arbeitsteilig Interviews mit insgesamt 11 Zeitzeugen unterschiedlichen Alters und unterschiedlicher Berufe zum Thema „Nachkriegszeit in Augsburg". Die Ergebnisse werden in einer Ausstellung präsentiert.
4. Einen Sonderfall stellen Zeitzeugeninterviews dar, die unabhängig von der gesamten Lerngruppe von einzelnen Schülern oder kleinen Schülergruppen durchgeführt werden. Dies kann beispielsweise vorkommen, wenn sich Schüler am *Geschichtswettbewerb des Bundespräsidenten* beteiligen oder wenn Präsentationen für das Fach Geschichte erarbeitet werden.

5.3.2 Punktuelle Befragungen

Der Einbezug mündlicher Überlieferungen in den Geschichtsunterricht beginnt bereits dort, wo Schüler zu bestimmten Themen/Aspekten des Unterrichts ihre Verwandten und Bekannten befragen und die Ergebnisse in den weiteren Unterrichtsverlauf integriert werden. Hierfür kommen vor allem zeitgeschichtliche Themen aus der Alltagsgeschichte, der Konsumgeschichte, der Bau- und Siedlungsgeschichte, der Wirtschaftsgeschichte usw. in Frage.

Beispiele:

- Zum Thema „Wirtschaftswunder in den 1950er-Jahren": Wann gab es in der Familie oder in der Nachbarschaft das erste Auto, den ersten Fernseher, die erste Fernreise etc.?
- Zum Thema „Konsumgeschichte": An welche nicht mehr existenten Geschäfte, Gebäude, Unternehmen erinnert man sich im Dorf oder im Stadtteil?
- Zum Thema „Migration": Welche Familien wanderten wann von wo aus zu?
- Zu dem Thema „Migration" interviewen Schüler in Gruppen verschiedene MigrantInnen, stellen die Ergebnisse einander vor und erarbeiten Unterschiede und Gemeinsamkeiten. Das Vergleichen der Erzählungen kann im Vorfeld dadurch erleichtert werden, dass zumindest einige „Kern"-Fragen festgelegt werden, die allen Zeitzeugen gestellt werden. Anschließend spielten sie ausgewählte Sequenzen aus den Erzählungen, die sie für besonders wichtig oder kennzeichnend erachten, szenisch nach (vgl. Reiniger/Reiniger 2001).

Schon die scheinbar einfache Hausaufgabe, Verwandte und Bekannte zu ihren Erinnerungen an konkrete Personen und Geschehnisse zu befragen, stellt einen ersten Schritt dar auf dem Weg zu einer Förderung des Umgangs mit mündlich tradierter Geschichte. Die Antworten der Befragten müssen auch nicht gleich präzise aufgezeichnet oder aufgenommen werden. Oft reicht es für die schulischen Zwecke bereits aus, wenn die Schüler das Erzählte in Stichworten festhalten und davon im Unterricht berichten. Bereits diese Art des Nachfragens und Notierens will allerdings geübt sein.

Die Drittklässlerin Christiane hat ihre Oma nach ihrer Kindheit befragt und ihre Antworten nach dem Gespräch zusammengefasst: „Als meine Oma noch ein Kind war, hatte sie nicht solche Kleider wie ich. Früher mußte meine Oma viel arbeiten. Früher hatte meine Oma Zuhause noch nicht so viel zu essen wie ich. Wo meine Oma gearbeitet hat, mußte sie mit Waschzuber die Wäsche waschen. Sonntags, wo Waschtag war, konnte meine Oma im Fluß Wäsche waschen. Sie hatte nur 1 Paar Schuhe und Sonntags durfte sie ihr Sonntagskleid in der Kirche anziehen."

Auch wenn die Zusammenfassung sehr dichotomisch ist (früher: wenig und hart; heute: viel und üppig) und die Aussagen zur Kindheit der Oma mit Aussagen zu ihrem Leben als Jugendliche oder junge Erwachsene vermengt werden, so hat Christiane eine Reihe von elementaren geistigen Operationen vollzogen und koordiniert: Sie hat einer Erwachsenen eine gezielte Frage zu seinem Leben gestellt, hat ihr zugehört, aus dem Gehörten Aspekte ausgewählt und zusammengefasst und sie aufgeschrieben bzw. dokumentiert (vgl. zu Oral History in Grundschulen Ross 1998).

5.3.3 Schüler erkunden ihr eigenes Leben

Das Nachfragen in der Familie kann sich auch auf das eigene Leben der Schüler richten. Um Kindern in der Grundschule bewusst zu machen, dass sie selber schon „historische" Wesen sind, können sie ihre Eltern nach den Umständen der eigenen Geburt und der ersten Lebensjahre befragen: Was war man damals für ein Kind? Welche Sorgen haben sich die Eltern gemacht, z. B. bei Krankheiten? Welche Wörter hat man zuerst gekonnt?

Es ist inzwischen auch ein verbreitetes Vorgehen, zu Beginn des Geschichtsunterricht in den Klassen 5 oder 6 die Schüler dazu anzuhalten, die Erinnerungstiefe in ihren Familien zu ermitteln und auf diese Art eine Vorstellung davon zu entwickeln, was eine Lebensspanne und oder eine Generation rein zeitlich bedeuten kann. Entsprechende Aufgaben lauten zum Beispiel: „Befragt Eure Eltern, Großeltern, Urgroßeltern nach den frühsten Erinnerungen an ihre Kindheit und Schulzeit." Indem diese Erinnerungen alsdann auf einem Zeitstrahl eingetragen werden, kann in den nächsten Schritten deutlich gemacht werden, a) inwiefern sich die erinnerten Erlebnisse der verschiedenen Personen zusammenfassen und verallgemeinern lassen und b) welche Ereignisse und Personen aus der Welt der „großen" Politik parallel einzuordnen sind.

5.3.4 Die Biografien von Menschen erkunden und darstellen

Die Biografien älterer Menschen bilden Längsschnitte durch mehrere Jahrzehnte. Sie können deshalb sehr gut als Schlüssel zur Zeitgeschichte fungieren. Allerdings erfordert ein solcher Zugang von Schülern viel Engagement und Einfühlungsvermögen, weshalb er am besten von einzelnen Schülern oder Schülerpaaren mit vertrauten Personen (z. B. den

Großeltern) praktiziert werden sollte. Beispielsweise kann Schülern einer Abschlussklasse der Sekundarstufe I im Zuge einer umfangreicheren Projekt- oder Abschlussarbeit die Aufgabe gestellt werden:

„Schreibe eine Biografie. Wähle deine Großmutter oder deinen Großvater (oder beide) oder eine andere dir bekannte Person ab 60 Jahren aus, um Interessantes und Wissenswertes über ihr Leben und die Lebensumstände von früher zu erfahren.

Fotografiere passende Gegenstände und sammele Texte und Bilder, die du zur Illustration deiner Schrift verwenden kannst. Ton- und Videoaufnahmen können deine Präsentation unterstützen.

Die Biografie sollte ca. 35 Seiten lang sein und zu mindestens zwei Drittel aus Text bestehen. Teile aus deiner fertigen Arbeit präsentierst du anlässlich eines gemeinsamen Klassenabends mit Eltern und den biografierten Personen.

Dein Vorgehen dokumentierst du in einem Projekt- und Lernjournal." (Nach Berner/Zimmermann 2005, S. 160)

5.3.5 In Gedenkstätten und an Erinnerungsorten

Gedenkstätten sind an Orten eingerichtet, an denen an das Leid erinnert werden soll, das Menschen dort aufgrund eines Unrechts angetan wurde. Sie dienen aber nicht nur der Erinnerung, sondern auch der gesellschaftlichen Auseinandersetzung mit diesem Unrecht und seinen Gründen. Die Einrichtung einer Gedenkstätte setzt einen weitgehenden öffentlichen Konsens darüber voraus, dass ein Unrecht geschehen ist. Bis es zu einem solchen Konsens kommt, können manchmal Jahrzehnte vergehen. In der Bundesrepublik stehen zwei große Gruppen von Gedenkstätten im Mittelpunkt: Einerseits für die vom Nationalsozialismus aus politischen und rassistischen Gründen Verfolgten und andererseits für die politisch Verfolgten in der DDR.

Zu den didaktischen Arrangements, die von Gedenkstätten für jugendliche Besucher, zumeist Schulklassen, angeboten werden, gehören oftmals auch Gespräche mit Zeitzeugen. Bei den Zeitzeugen handelt es sich meistens um ehemalige Opfer oder deren Angehörige, die ihre Geschichte schon öfter vor Gruppen erzählt haben. Diese Gespräche haben einen besonderen Charakter, weil sie im allgemeinen auf der Basis und mit der Absicht einer eindeutigen moralischen Stellungnahme geführt werden – allen am Gespräch Beteiligten ist von Beginn an klar, dass das Opfer angemessen gewürdigt werden soll und die Täter mit keinem Verständnis rechnen können. „Die markanten Stationen ihrer Verfolgung sind so stark in ihre Seelen und Gehirne eingebrannt, dass diese Teile ihrer Lebensgeschichte auch im fortgeschrittenen Alter noch mit überraschender Klarheit erzählt werden können. [...] Ihre Erinnerung an die Verfolgungszeit ist gekoppelt an spezifische Verletzungen, lebensgeschichtliche Brüche und häufig auch an psychische und physische Spätfolgen" (Boll 1999, 11 f.).

Gedenkstätten, die sich auf den Nationalsozialismus beziehen, haben, seit es sie gibt, sehr stark auf die Arbeit mit politisch und rassisch Verfolgten als Zeitzeugen gesetzt. Heute stehen sie vor dem „Problem", dass es immer weniger lebende Zeitzeugen gibt und dass der Zeitpunkt sehr nahe ist, an dem sie überhaupt nicht mehr zur Verfügung stehen werden. „Zeugnis" legen dann nur noch Aufzeichnungen ab, egal ob sie von der Shoah-Foundation oder der ZDF-Geschichtsredaktion verwaltet werden. Für das Zuhören und den Nachvollzug einer Lebensgeschichte macht es aber einen großen Unterschied aus, ob man den Erzähler live erlebt oder ob man ihn „nur" auf dem Bildschirm sieht; bringt doch die direkte Kommunikation in aller Regel eine sehr viel größere emotionale Nähe mit sich als das Ansehen einer „Konserve" – mag es noch so konzentriert geschehen und mag die Konserve noch so gut gemacht sein.

Man kann hierin aber auch die Chance sehen, „einen neuen Gebrauch von Geschichte und Erinnerung zu erproben", der den Bezugsrahmen des Gedächtnisses stärker auf die gesellschaftlich anzustrebende Zukunft (z. B. einer Zivilgesellschaft) ausrichtet (vgl. Giesecke/Welzer 2012, 75).

Beispiel Kann (2000): Es wird von einer Klasse ein Leitfaden für das Interview eines Auschwitz-Überlebenden konzipiert. Die Klasse führt das Interview dann gemeinsam an einem Ort (Keller einer Synagoge) durch, der von dem Zeitzeugen gewählt wurde. Das zweistündige Gespräch wird vollständig transkribiert und abschnittsweise von Dreier-Gruppen analysiert und interpretiert. Die Ergebnisse werden von den Schülern in einem Projektheft zusammengefasst und ausgewertet.

5.3.6 Einsatz aufgezeichneter Zeitzeugeninterviews

Mündliche Überlieferungen lassen sich am einfachsten durch die Verwendung bereits aufgezeichneter Zeitzeugeninterviews in den Unterricht einbringen. Insbesondere für solche Themen des Geschichtsunterrichts, die sich der direkten persönlichen Überlieferung langsam entziehen, weil es keine oder nur noch sehr wenige Überlebenden mehr gibt, bieten aufgezeichnete Interviews oftmals einen motivierenden Zugang. Dies trifft zurzeit vor allem auf den Nationalsozialismus und die Shoa als geschichtskulturelle Kernthemen zu.

Auf dem Medienmarkt und über das Internet sind inzwischen unzählige und qualitativ sehr unterschiedliche Audio- und Videoaufzeichnungen mit erzählten Lebensgeschichten erhältlich (s. kommentierte Liste im Anhang), viele davon auch (meistens nach einer Registrierung) kostenlos. Sicherlich wird in Zukunft die Zahl der Zeitzeugen, die über Internet gehört und gesehen werden können, rapide wachsen. Der unvermeidbare Übergang der Erinnerungsleistung vom kommunikativen zum kulturellen Gedächtnis wird damit erheblich modifiziert. Erinnerungen werden nicht mehr nur als Text oder Bild bewahrt; gespeichert werden auch die Stimmen, Mienen, Gesten, Körperhaltungen etc. der erzählenden Individuen. Mit dem Schritt von der Schrift- und Textkultur zur digitalen Kultur verändert sich somit das soziale Gedächtnis: Es wird wesentlich einfacher, erzählte Lebenserinnerungen zu hinterlassen. Immer mehr Menschen können auch noch nach ihrem Tod nicht nur per Text oder Bild von ihrem Leben zeugen. Es findet eine enorme Ausdehnung der Manifestationen des Erinnerns statt. Auch wer nicht schreibgewandt seine Erinnerungen zu Papier bringt; auch wer keinen Verleger findet, kann auf sehr einfache Art Berichte aus dem eigenen Leben hinterlassen. Individuelles Leben lässt sich somit im digitalen Zeitalter aufgrund der technischen Möglichkeiten quantitativ und qualitativ in ganz neuen Dimensionen festhalten und dokumentieren. Hiervon zeugen die vielen Websites und Portale, die auf nationaler, regionaler und lokaler Ebene Zeitzeugenberichte initiieren und sammeln. Es ist ein glücklicher historischer Zufall, dass das Aufkommen ganz neuer Formen des Bewahrens und Verbreitens von Aufzeichnungen weitgehend zusammenfällt mit dem Aussterben der letzten Generation derjenigen, die direkt von Holocaust und Nationalsozialismus künden können und wollen.

Bei der Arbeit mit solchen Aufzeichnungen findet keine direkte persönliche Begegnung mit den Zeitzeugen statt, sie wirken deshalb längst nicht so unmittelbar und bieten in der Regel keine Möglichkeit des Nachfragens. Vieles von dem, was Schüler überlegen und planen müssen, wenn sie selber ein Gespräch mit einem Zeitzeugen führen wollen, spielt dabei keine Rolle. Die Schüler sind nicht aktiv eingebunden in den Prozess der Generierung des Interviews, sie arbeiten vielmehr mit fertigen Produkten. Der Schwerpunkt des Unterrichts verlagert sich damit auch verstärkt auf das Dekonstruieren durch Analyse und Interpretation und durch Vergleich mit anderen Interviews und Darstellungen in anderen Medien. Die Arbeit mit fertigen, eventuell auch transkribierten Audio- und Videoaufzeichnungen von Zeitzeugen ähnelt deshalb eher der klassischen (Text-)Quellenanlyse, bedarf aber durchaus auch eigener Verfahren wie „der einfühlsamen Erschließung, Analyse und multiperspektivischen Evaluierung" (Barricelli 2012, 45).

Was jedoch bei der Verwendung von aufgezeichneten Zeitzeugenaussagen an Unmittelbarkeit, Spontaneität und Authentizität verloren geht, wird zumindest teilweise durch die größere Sicherheit und Flexibilität bei der Planung und Vorbereitung aufgewogen. Der Lehrer kann sich vorab auf das/die Interview/s vorbereiten, kann sich konkrete Arbeitsaufträge überlegen und geeignetes Zusatzmaterial bereit stellen. Mit dem/n aufgezeichneten Interview/s kann auch flexibler umgegangen werden: Es kann jederzeit unterbrochen werden, es können lediglich Ausschnitte für verschiedene Phasen des Unterrichts (Einstieg, Arbeitsphase, Transfer etc.) verwendet werden, es können verschiedene Interviews miteinander verglichen werden. Ferner liegen für aufgezeichnete Interviews oft schon fertige Transkriptionen vor.

Die Aufzeichnungen sollten allerdings einige Kriterien erfüllen. Für das Analysieren und Verstehen aufgezeichneter Zeitzeugenaussagen sollte ihr Entstehungskontext bekannt sein: Wer führte das Gespräch aus welchem Anlass zu welchem Zeitpunkt an welchem Ort? Vor allem sollten die aufgezeichneten Interviews nicht oder zumindest nicht zu sehr gekürzt sein. Auf wenige Sätze reduzierte Interviewschnipsel, wie sie in vielen neueren Dokumentarfilmen vorkommen, eignen sich kaum für eine intensivere Analyse und Interpretation. An ihnen kann eher gezeigt werden, wie Zeitzeugenaussagen ohne viel Skrupel in das Korsett eines Drehbuchs mit quotenorientierten Botschaften gezwängt werden. Wie ausführlich die Interviews sein sollten bzw. sein dürfen, hängt letztendlich von der Zielsetzung des Unterrichts ab. Wenn es darum geht, die erzählte Lebensgeschichte einer Person in den Mittelpunkt zu stellen, wird man nach Möglichkeit das gesamte ungeschnittene Interview verwenden – so es denn zugänglich ist. Wenn aber nur bestimmte Ereignisse oder Phasen aus ihrem Leben thematisiert werden, sollte die betreffende Interviewpassage zumindest so ausführlich gezeigt werden, dass deutlich wird, wie das Gespräch darauf kam, welche Rolle der Interviewer hierbei spielte und wie der Zeitzeuge sich an dem Thema ‚abarbeitete', d. h. wie er im Gespräch nach und nach seine Erzählung formte.

Bei dem Einsatz „konservierter" Zeitzeugenberichte im Unterricht muss auch das Alter der Aufzeichnungen bedacht werden. Wird doch ein Interview, je weiter seine Entstehung zurückliegt, umso mehr als Erzählung „seiner" Zeit wahrnehmbar. Inhalte und Form der Erzählung werden dadurch beeinflusst, wie zum Interviewzeitpunkt in der Gesellschaft über die thematisierten historischen Sachverhalte gedacht und gesprochen wurde. In die Redeweise der Zeitzeugen schleichen sich jeweils zeittypische Begriffe, Floskeln, Stereotype, Vorurteile etc. ein. Selbst ein und der selbe Zeitzeuge schildert seine Erlebnisse nach längerer Zeit anders als früher, nicht nur wegen seiner eigenen zwischenzeitlichen Erfahrungen und Entwicklungen, sonder auch weil sich zwischenzeitlich die Schwerpunkte und die Formen verändert haben, wie in der Gesellschaft über das gesprochen wird, was auch er erlebt hat. Beispielsweise wurde in Deutschland bis mindestens in die 1960er Jahre hinein, ohne Bedenken davon erzählt, dass auch „Neger" zu den alliierten Soldaten nach dem Zweiten Weltkrieg gehörten. Viele, die heute über diese Zeit berichten, sprechen hingegen nunmehr, „politisch korrekt", von „Schwarzen". Die Zeitverbundenheit des Interviews zeigt sich auch in äußerlich befremdenden Momenten: der Kleidung, der Sprache, der Ton- und Bildqualität etc. Zum Beispiel waren Berichte von Flüchtlingen und Vertriebenen aus den 1950er Jahren oftmals noch viel stärker durch Dialekt geprägt, als nach vier oder fünf Jahrzehnten des „Einlebens" in die neue Umgebung. Befragen Schüler einen Zeitzeugen direkt, so ist der Grad der Überschneidung der Kommunikationshorizonte größer als bei der Verwendung von älteren Interviewaufzeichnungen. All das spricht nicht gegen den Einsatz älterer Zeitzeugeninterviews im Unterricht. Es soll nur dafür sensibilisieren, dass ein Interview mit wachsender zeitlicher Distanz für Zuhörer bzw. Zuschauer zunehmend „fremd" anmutet.

Es ist auch zu bedenken, wer der eigentliche Adressat des Zeitzeugen ist. Während in direkten Gesprächen zwischen Zeitzeugen und Schülern die Zeitzeugen ihre Erinnerungen oftmals intuitiv auf den Verstehenshorizont der Kinder und Jugendliche hin ausrichten, spricht der „aufgezeichnete" Zeitzeuge meistens zu einem erwachsenen Zuhörer, der zudem oftmals im Namen einer Institution oder einer wissenschaftlichen Einrichtung auftritt bzw. auftrat. Dies kann sehr unterschiedliche Schwerpunktsetzungen beim Erzählen bedingen. Beispielsweise neigen viele Zeitzeugen dazu, traumatische Erfahrungen – so sie denn überhaupt davon erzählen – vor Kindern und Jugendlichen zu verschweigen oder abzuschwächen. Anders verhalten sich Zeitzeugen oftmals dann, wenn sie von Erwachsenen explizit dazu aufgefordert und angeregt werden, auch über schreckliche Erlebnisse zu berichten, damit diese der Nachwelt überliefert werden können und nicht vergessen werden. Dies trifft beispielsweise auf viele der Interviews mit Überlebenden des Holocaust zu, die die Shoah Foundation erstellt hat. Ein besonderer didaktischer Reiz aufgezeichneter Zeitzeugeninterviews kann also darin bestehen, dass es sich um Aussagen handelt, die relativ frei sind von selbstauferlegten pädagogischen Rücksichten auf Zuhörer im Kinder- und Jugendalter. Natürlich trägt damit der/ie Lehrer/in die Verantwortung dafür, inwiefern er/sie drastische und detaillierte Schilderungen von Grausamkeiten und Not seiner Lerngruppe zumuten will und kann.

Zeitzeugeninterviews mit Überlebenden des Holocaust, die es eben fast nur noch als Aufzeichnungen gibt, bilden eine besondere pädagogische Herausforderung. Sie stellen oftmals – gewollt oder ungewollt – eine identifikatorische Nähe zu den Opfern des nationalsozialistischen Deutschland her und sperren sich gegen eine nüchtern-rationale Analyse. In diesem Sinn rät beispielsweise Michele Barricelli denjenigen, „ die lieber auf kognitive Distanz als emphatisches Engagement setzen“, von der Nutzung des bekannten Visual History Archiv (VHA) ab. Es gehe darum, dass die (jugendlichen) Betrachter der Interviews mit Holocaust-Überlebenden „das Individuum, das einzelne gelebte Leben achten lernen, obwohl doch die Zahl der Interviewten im Archiv so übergroß ist“. Die Opfer würden so zumindest für einen Augenblick „noch einmal zu unseren Mitlebenden“ (Barricelli in Abenhausen 2012, S. 47). Noch aus dem erschütterndsten Zeitzeugenbericht wird jedoch letztlich erst durch die rationale Erschließung der Gründe, die zu der Verfolgungs- und Vernichtungspolitik führten, ein bewusster Standpunkt erwachsen, der über das Empfinden von Abscheu und Betroffenheit hinaus geht und sich politisch positioniert.

Zeitzeugeninterviews lassen sich heutzutage im Internet in großer Zahl und unterschiedlichster Qualität finden. Gibt man den Namen eines mehr oder weniger signifikanten Ereignisses des 20. Jahrhunderts in Kombination mit dem Begriff „Zeitzeugen“ bei einer Suchmaschine oder bei YouTube ein, so stößt man in der Regel auf eine Vielzahl unterschiedlichster Websites. Zur Schulung der Medienkompetenz kann es sich deshalb durchaus lohnen, Schülerinnen und Schüler eine solche Erfahrung selber machen zu lassen und sie anschließend zu Überlegungen anzuregen, welche Websites mit Zeitzeugeninterviews für ihre thematischen Interessen und Fragestellungen eher geeignet sein dürften und welche nicht.

Je weniger mit Interviewschnipseln gearbeitet und je ausführlicher Interviews in den Unterricht einbezogen werden sollen, um so mehr wird die 45- oder 90-Minuten-Stunde zu einem Hindernis. Auch die Arbeit mit aufgezeichneten Interviews tendiert deshalb zum Projektunterricht oder zum fächerübergreifenden Unterricht. Die gründliche Auseinandersetzung mit einem Interview braucht Zeit, schon allein deshalb, weil es sich empfiehlt, die Aufzeichnung zuerst in Gänze anzusehen bzw. anzuhören. Anschließend sollten die Schüler zunächst ihre ersten Eindrücke äußern und festhalten und dann diskutieren und entscheiden, unter welchen spezielleren Fragestellungen sie das Interview insgesamt oder einzelne Passagen nochmals untersuchen wollen. Für diese Phase des Unterrichts bietet sich oft die Arbeit in Kleingruppen an: Zu zweit oder zu dritt untersuchen die Schüler bestimmte Interviewabschnitte und machen sich gemeinsam klar, was der Zeitzeuge erlebt hat (Analyse), in welche Zusammenhänge er das Erlebte einordnet (Sachurteil) und wie er das Erlebte in der Vergangenheit und zum Zeitpunkt seiner Erzählung beurteilt (Werturteil). Parallel dazu oder daran anschließend recherchieren sie mittels des Schulbuchs, des Internets und anderer Medien den historischen Kontext der Ereignisse und beziehen diese Darstellungen kontrastiv-ergänzend auf die erzählte Lebensgeschichte. Sollten alle Gruppen dieselbe Sequenz behandeln, wird also arbeitsgleich vorgegangen, so stehen am Ende der Vergleich der Ergebnisse in der Lerngruppe und die Sicherung der wichtigsten Erkenntnisse und verbleibender Fragen. Wird hingegen arbeitsteilig vorgegangen, indem sich zum Beispiel verschiedene Kleingruppen auf jeweils unterschiedliche Abschnitte des selben Interviews konzentrieren, muss am Ende eine integrative Form der Ergebnissicherung gefunden werden, z. B. in der Form einer Zeitleiste, in die die Gruppen eintragen, was sie zu „ihrem" Lebensabschnitt des Zeitzeugen und zu der Art, wie er davon berichtet, herausgefunden und welche Fragen und Überlegungen sie dazu haben. Eine anspruchsvollere Form der gemeinsamen Präsentation kann auch darin bestehen, auf der Grundlage eines aufgezeichneten Interviews einen eigenen Kurzfilm zu produzieren.

Unter der Voraussetzung, dass ein Pool von Zeitzeugeninterviews zu bestimmten Zeitabschnitten vorliegt, bietet es sich für größere Lerngruppen an, thematisch vergleichend vorzugehen. Dazu ist im Allgemeinen die Konzentration auf ein bestimmtes Thema notwendig – auf zeitlich gut begrenzbare Ereignisse oder Lebensverhältnisse, meistens in einem Ort, einer Region oder einem Land. Es kann sich zum Beispiel darum handeln, wie sich die Interviewten an ihre Kindheit und Jugend, an politische, wirtschaftliche oder kulturelle Umbrüche etc. während eines bestimmten Zeitabschnitts (z. B. den Zweiten Weltkrieg, die Nachkriegszeit, das „Wirtschaftswunder" etc.) erinnern. Im Visual History Archive der Freien Universität Berlin, das Zugang zu ca. 900 deutschsprachigen Interviews mit Überlebenden des Holocaust bietet, wurden z. B. zwischen 2008 und 2010 Projekttage zu folgenden Schwerpunkten durchgeführt: Kindheits- und Jugenderinnerungen 1933-1938; Erinnerungen an die Novemberpogrome 1938 am Wohnort der Schüler; Erinnerungen an nationalsozialistische Lager in der Nähe des Wohnorts der Schüler; Perspektiven auf ein bestimmtes Konzentrationslager im Sinne einer Fallstudie; Vergleich zwischen Quellen aus dem Schulbuch und ausgewählten Video-Interviews (Zeugen der Shoah 2012, 22).

Für eine entsprechend fokussierte Erschließung sollten die Interviews aber trotzdem nach Möglichkeit zunächst vollständig rezipiert werden, damit der Stellenwert der Aussagen zu dem interessierenden Thema innerhalb des gesamten Interviews deutlich wird. Dies kann bei längeren Interviews auch arbeitsteilig geschehen, indem sie z.B. in halbstündige Abschnitte aufgeteilt werden, die von jeweils zwei Schülern zusammengefasst und den Mitschülern vorgestellt werden. Wenn relativ wenig Zeit zur Verfügung steht, können den Schülern auch Zusammenfassungen der vorausgehenden und der folgenden Interviewpassagen angeboten werden. Auch in diesem Fall ist es nach der erstmaligen Rezeption des Interviews sinnvoll, die Schülerinnen und Schüler schriftlich sowohl den wesentlichen Inhalt der Erzählung als auch ihre Empfindungen und Gedanken während des Betrachtens bzw. Hörens fixieren zu lassen.

5.3.7 Analyse des Einsatzes von Zeitzeugen in dokumentarischen Mediensendungen (v. a. im Fernsehen)

Zeitzeugeninterviews werden heutzutage in zeitgeschichtlichen Sendungen in den Medien inflationär benutzt und beeinflussen in vielfältiger Kombination mit anderen Darstellungselementen und -methoden das Geschichtsbewusstsein der Zuschauer und Zuhörer beträchtlich. Um solche Sendungen kritisch rezipieren zu können, sind grundlegende Kenntnisse zur Entstehung und Aussagekraft von Zeitzeugenberichten unumgänglich. Jeder Dokumentarfilm aus der stilbildenden ZDF-Zeitgeschichtsredaktion unter Guido Knopp zeugt mit seinen oftmals als „Histotainment“ inszenierten und suggestiv eingesetzten Zeitzeugenaufnahmen davon, wie sehr es solcher Fähigkeiten bedarf. Nicht zufällig hat die Oral History Association (OHA) in den USA Richtlinien formuliert, durch die sich ein verantwortungsbewusster Einsatz der Methode auszeichnen soll (vgl. http//omega.dickinson.edu/organizations/oha/evaluationguidelines.html. Ritchie 2003, S. 252-255).

Das Aufkommen der Oral History in der Geschichtskultur und in der Geschichtswissenschaft ging in den 1970er Jahren von der politischen Absicht aus, durch diese Methode auch die Geschichte derjenigen zu dokumentieren, von denen in der großen Geschichte bis dahin nur wenig berichtet worden war. Es sollte darum gehen, auch die Erfahrungen der vielen Menschen festzuhalten, auf deren Erfahrungen die Geschichtsschreibung bisher keinen besonderen Wert gelegt hatte: der Opfer des Nationalsozialismus, der einfachen Arbeiter oder Angestellten, der benachteiligten Bevölkerungsgruppen wie Frauen, Migranten, Homosexuelle etc. Film und Fernsehen griffen diese Hinwendung zu den

Zeitzeugen zwar auf, gaben ihr aber schon bald eine andere Richtung. Filme wie Claude Lanzmanns „Shoah" (1985) oder Projekte wie Steven Spielbergs „Shoah Foundation" beschränkten sich noch fast vollständig darauf, die aufgezeichneten Erinnerungen der Überlebenden des Holocaust wiederzugeben. Bis in die Gegenwart gab und gibt es immer wieder Dokumentarsendungen, denen es sehr gut gelingt, individuelle Lebensgeschichten und allgemeine Geschichte unter Einbezug von Zeitzeugenberichten miteinander zu kombinieren. Meistens konzentrieren sich solche Filme auf die Dokumentation des Lebens einzelner Personen oder kleinerer Gruppen.

Aber schon bald erkannten Regisseure das besondere Potenzial der Figur des Zeitzeugen für Sendungen, in denen es primär nicht oder nicht hauptsächlich um das Erinnern an Opfer und Benachteiligte, sondern um eine abwechslungsreiche und fesselnd gestaltete historische Dokumentation geht. Die herkömmliche Form zeitgeschichtlichen Geschichtsfernsehens, geprägt von Wochenschauaufnahmen und trockenen Kommentaren von Experten und Moderatoren wurde nun nach und nach als bieder beurteilt und aufgegeben. Sie wurden ergänzt bzw. ersetzt durch eine neue Art von Dokumentarfilm, für die Guido Knopp mit seinen ZDF-Sendungen stilbildend war. Dabei werden Zeitzeugen in kurzen und schnellen Schnitten mit historischen Bildern und Filmen, mit Aufnahmen von Originalschauplätzen, mit nachgestellten Szenen etc. kombiniert. Ein Sprecher kommentiert aus dem Off. Die Zahl der Zeitzeugen in solchen Filmen ist jeweils relativ hoch, ihre Aussagen fallen hingegen sehr kurz aus. Die Zeitzeugen werden oftmals vor einem einheitlichen Hintergrund gezeigt. Man erfährt über sie nur das, was sie sagen, und was in einer kurzen Unterzeile über sie eingeblendet wird. Die Fragen, die ihnen von den Filmemachern gestellt wurden, werden ebenfalls nicht erwähnt, geschweige denn, dass die gesamten Interviews auf irgendeine Art zugänglich gemacht werden.

Geschichte wird so im Zusammenschnitt und Kombinieren von historischen Filmaufnahmen und Fotos, Zeitzeugenaussagen, Aufnahmen von historischen Orten, bedeutungsschwangerer Musik, Reenactment-Szenen und getragenen Kommentatoren-Stimmen aus dem Off als wirkmächtiges Schicksal und Verhängnis inszeniert. Solche Kompilationen, zwischen denen es durchaus auch erhebliche qualitative Unterschiede geben kann (Beispiel für ein gelungenes „Dokudrama": „Die Kinder von Blankenes", 2010, von Raymond Ley), bedienen und produzieren gleichermaßen das affirmative Bedürfnis, Geschichte als ein Geschehen aufzufassen, von dem leibliche, konkrete Menschen betroffen waren und mit dem sie irgendwie fertig werden mussten. Der Zuschauer beurteilt das Geschehen zumeist auf der Grundlage seines eigenen Lebens, indem er es implizit oder explizit mit dem des Zeitzeugen vergleicht und zu dem „Schluss“ kommt, „es“ besser (seltener: schlechter) als sie getroffen zu haben. Er kann sich glücklich fühlen, nicht in den „schweren Zeiten“ gelebt zu haben, oder er kann den „guten Zeiten“ nachtrauern, in denen es noch „natürlicher“, „aufregender“, „gemächlicher“ etc. zuging.

Filme mit Zeitzeugensequenzen können mit verschiedenen Zielrichtungen bzw. Schwerpunkten analysiert werden. Sie können ganz oder teilweise (was wohl meistens der Fall sein wird) einer *formalen Analyse* unterzogen werden, indem z. B. in einer Tabelle festgehalten wird, was nacheinander oder parallel zu sehen und zu hören ist: Bilder, Musik/Geräusche, Kommentatorenstimme aus dem OFF etc. Eine weitere Möglichkeit der Filmanalyse besteht darin, für einzelne Sequenzen des Films die *Haupt- und Nebengeschichten* zu untersuchen und die Triftigkeit ihrer Verknüpfungen zu überprüfen. Schließlich können einzelne Filmpassagen mit Zeitzeugen daraufhin untersucht werden, wer eigentlich – Autor/Regisseur oder Zeitzeuge – welche narrative *Fokussierung* auf Vergangenheit und/oder Gegenwart und Zukunft vornimmt (vgl. Schreiber 2009, S. 142 ff.).

Leitfragen zur Analyse von Zeitzeugenszenen in dokumentarischen Fernsehsendungen (nach Bösch 2000, S. 64)

1. Zur Person

Überlegen und diskutieren, warum ausgerechnet bestimmte Zeitzeugen für die Sendung ausgewählt worden sein könnte: Weil sie Verantwortliche oder Betroffene waren? Weil sie Augenzeugen waren? Weil sich ihre Aussagen multiperspektivisch ergänzen (soziale oder politische Stellung, Geschlecht, Nationalität etc.)? Weil es sich um berühmte Persönlichkeiten und Autoritäten handelt?

2. Zur Fragestellung

Sofern auch die Fragen dokumentiert werden, ist zu überprüfen, ob es sich um offene oder enge Fragen handelt, ob sie sich wirklich nach persönlichen Erfahrungen des Zeitzeugen erkunden und ob sie realistischerweise überhaupt beantwortet werden können. Werden die Fragen nicht gezeigt, so kann man immerhin vermuten, wie sie wohl gelautet haben könnten. In beiden Fällen kann erörtert werden, welche Fragen man selber dem Zeitzeugen gestellt hätte.

3. Zum wörtlichen Inhalt

Zusammenfassen, von welchen Ereignissen, Personen oder Verhältnissen der Zeitzeuge erzählt und wie er sich emotional und kognitiv einerseits damals und andererseits heute darauf bezogen hat bzw. bezieht. Beurteilen, inwiefern seine Antwort der gestellten Frage gerecht wird und ob sie verklärende/beschönigende oder auch schwarzmalende/abwertende Tendenzen enthält.

4. Zur non-verbalen Ebene
Wahrnehmen und deuten, mit welcher Gestik und Mimik etc. der Zeitzeuge seine Erzählung begleitet und was sein Äußeres (Kleidung, Körperhaltung etc.) und die Umgebung, in der er sich filmen lässt, eventuell über ihn aussagen.

5. Zur Rolle des Zeitzeugen in der Dokumentation
Vergleichen und analysieren, in welchem Verhältnis der Zeitzeugenbericht zu anderen Teilen der Dokumentation (andere Zeitzeugen, Bilder, dokumentarische Szenen, Kommentar u. a.) steht (Ergänzung, Widerspruch, Kontrast, Exempel u. a.). Erörtern, welche besonderen Erkenntnisse die Zeitzeugenaussagen im Vergleich zu anderen Quellen bringen.

Vermeintliche Zeitzeugen können auch den Plot von Spielfilmen steuern bzw. rahmen. Ein gutes Beispiel hierfür ist der Western „Little Big Man“ (1970, Regie Arthur Penn) mit Dustin Hoffman. Der Film beginnt mit einer Interviewszene, in der der steinalte, bei Indianern aufgewachsene und inzwischen in einem Altersheim lebende „Little Big Man“, gespielt von Dustin Hoffman, von einem Reporter zu seinem Leben befragt wird. Der junge Reporter weiß eigentlich schon, welche Geschichte er hören möchte: Die von den armen Indianern, an denen die Weißen einen Genozid begangen haben. Erst dieses Pauschalurteil bewegt „Little Big Man“ dazu, ihn zum Einschalten des Tonbandes aufzufordern, um seine Geschichte zu erzählen. So entsteht ein Episodenfilm über den „Wilden Westen“, in dem immer wieder die Erzählerstimme aus dem Off eingeblendet wird.

6. Kommentiertes Verzeichnis von Internetadressen

(s. hierzu auch Leh 2009)

Mit dem technologischen Fortschritt bei den elektronischen Speichermedien und bei der Datenübertragung ist auch die Zahl der Zeitzeugeninterviews, die über das Internet zugänglich sind, enorm gestiegen. Es gibt heutzutage weltweit kaum ein zeitgeschichtliches Thema, zu dem via Internet keine Zeitzeugenaussagen gefunden werden können, sei es als Video- oder Audioaufzeichnung, sei es als Transkript. In nahezu jedem Land und jeder größeren Region sind Websites vorhanden, die der Sammlung und Veröffentlichung persönlicher Erinnerungen dienen oder als Anlauf- und Koordinationsstelle für Oral History-Projekte fungieren. Diese Entwicklung ist ohne Zweifel zu begrüßen, weil auf diese Art viel mehr Menschen ihre Erfahrungen publik machen können. Auch können Ergebnisse der wissenschaftlich betriebenen Oral History damit erheblich besser von der Scientific Community nachvollzogen und überprüft werden. Allerdings muss auch darauf hingewiesen werden, dass viele der Zeitzeugeninterviews im Internet nicht die Voraussetzungen erfüllen, um mit ihnen im Unterricht kritisch arbeiten zu können, weil die Informationen zur Person und zum Kontext zu dürftig sind.

Tipps zur Beurteilung von online verfügbaren Zeitzeugeninterviews (nach Shopes 2002, S. 19 f.)

Absicht und Herkunft: Ist die Absicht der Website deutlich erkennbar oder formuliert? Worin besteht die Absicht (z. B. erzieherisch-pädagogisch, archivalisch etc.)? Ist es eine glaubwürdige und nützliche Absicht? Erhält man Informationen darüber, in welchem größeren Kontext und zu welchem Zweck die Website entwickelt wurde?

Glaubwürdigkeit: Wer finanziert und organisiert die Website? Sind diese Leute glaubwürdig? Woher weiß man das? Kann man jemanden ansprechen, um Fragen zu der Website zu stellen?

Gestaltung der Website: Ist die Website gut gestaltet? Ist der Aufbau logisch und stringent? Ist die Navigation einfach? Wird die Website regelmäßig überarbeitet? Sind die Bilder hilfreich oder eher ablenkend? Gibt es Links zu ähnlichen Websites? Sind sie glaubwürdig, hilfreich und aktuell?

Oral History Material: Werden ganze Interviews, Auszüge oder Zusammenfassungen zur Verfügung gestellt? Wird erklärt, warum man die Interviews vollständig oder teilweise, schriftlich oder als Ton-/Videoaufnahme wiedergibt? Werden auch Transkriptionen der Interviews angeboten? Wird etwas darüber ausgesagt, nach welchen Kriterien das schriftliche und das auditive Material erstellt wurde?

Design und technische Qualität: Wie werden die Interviews präsentiert? Wie ist die Ton- und Bildqualität? Wenn die Website die Menschen dazu auffordert, ihre eigenen Erinnerungen einzustellen, wird ihnen dann auch eine klare und nützliche Unterstützung hierfür angeboten?

Kontext des Interviews: Enthält die Website Informationen über die interviewten Personen? Werden Hintergrundinformationen zu den angesprochenen Themen gegeben? Erfährt man etwas darüber, warum die Interviews geführt wurden? Mit anderen Worten: Welche Mittel werden bereit gestellt, um die Interviews kritisch beurteilen zu können?

Suchfunktionen und Qualitätsstandards: Gibt es ein Verzeichnis aller Interviews, die geführt wurden? Wie vollständig und nützlich ist dieses Verzeichnis? Können die Interviews nach bestimmten Themen durchsucht werden? Erbringt die Suche brauchbare Resultate? Wird angegeben, wo die Interviews archiviert sind und ob sie Nutzern zugänglich gemacht werden können? Wie gut sind die Interviews? Sind sie interessant, abwechslungsreich, substantiell etc.? Enthalten die Interviews Informationen, die woanders nicht zu finden sind? Vor allem: Was lässt sich aus den Interviews lernen? Gibt es technische Funktionen und inhaltliche Bereiche, die die Website sinnvoll ergänzen könnten?

6.1 Arbeit mit Zeitzeugen

http://www.arbeit-mit-zeitzeugen.org

Eine sehr informative Website, die zu der Tagung „Opfer, Täter, Jedermann? – ‚DDR-Zeitzeugen' im Spannungsfeld von Aufarbeitung, Historisierung und Geschichtsvermittlung" vom 14.-15. Februar 2013 in Potsdam eingerichtet wurde.

6.2 Archiv Deutsches Gedächtnis

http://www.fernuni-hagen.de/geschichteundbiografie/deutschesgedaechtnis/

Im „ Archiv Deutsches Gedächtnis", das am Institut für Geschichte und Biografie der Fernuniversität Hagen angesiedelt ist, werden subjektive Erinnerungszeugnisse aller Art archiviert: Ton- und Videointerviews mit Zeitzeugen, Briefe, Fotos, Tagebücher, Biografien, Autobiografien u. Ä. Materialien aus Projekten des Instituts für Geschichte und Biografie bilden den Grundbestand, der durch Forschungen Dritter, aber auch durch Zusendungen einzelner biografischer Dokumente ergänzt werden konnte. Zurzeit werden etwa 2700 lebensgeschichtliche Interviews mit

Männern und Frauen aus Ost- und Westdeutschland archiviert, davon etwa 500 als Videointerviews. Die ältesten Interviews wurden Anfang der 80er Jahre geführt. Besondere Schwerpunkte sind Interviews mit Betriebsräten, Gewerkschaftern und Gewerkschafterinnen, mit Flüchtlingen und Menschen mit traumatischen Erfahrungen wie KZ- oder Lagerhaft, nationalsozialistische oder stalinistische Verfolgung, Verschleppung u. a. sowie Interviews aus der DDR. Außerdem werden schriftliche Dokumente archiviert, zur Zeit etwa 1000 (Auto-)Biografien, Tagebücher und Briefe, sowie eine Sammlung von 75000 Schulaufsätzen aus den 50er Jahren zu sozialen und gesellschaftspolitischen Themen.

Die Interviews sind fast alle transkribiert, sodass neben Ton- bzw. Videokassetten auch Textausdrucke bzw. Dateien zur Verfügung stehen. Soweit das qualitative Datenmaterial dies zulässt, sind sowohl die Interviews als auch die schriftlichen und bildlichen Dokumente über eine elektronische Datenbank erschlossen.

Das Archiv kann für Forschung, Lehre und Bildung genutzt werden. Nach Absprache können die Dokumente – in anonymisierter Form – vor Ort eingesehen werden.

6.3 BIOS – Zeitschrift für Biografieforschung, Oral History und Lebensverlaufsanalysen

http://www.fernuni-hagen.de/geschichteundbiografie/bios/

Die in Deutschland führende Oral-History-Zeitschrift informiert über einschlägige Forschungen, Sammlungen und Literatur, stellt Forschungsergebnisse aus dem In- und Ausland vor und debattiert methodische Probleme. Die Zeitschrift erscheint seit 1988 zweimal im Jahr und wird vom Institut für Geschichte und Biografie der Fernuniversität Hagen redigiert.

6.4 Bildungsserver Berlin-Brandenburg

http://bildungsserver.berlin-brandenburg.de/opposition_repression_ddr.html

Die multimediale Arbeitsmappe des Landesinstituts für Schule und Medien (LISUM) Berlin-Brandenburg und der Robert-Havemann-Gesellschaft thematisiert anhand der Familienbiografie eines Zeitzeugen, des Theologen Stephan Bickhardt, der in den 1980er-Jahren aktiv in verschiedenen oppositionellen Gruppen gewirkt hat, den Zusammenhang zwischen Alltag und Repression in der DDR. Online stehen didaktisch-methodische Hinweise, Arbeitsbögen, eine Anleitung für Zeitzeugeninterviews und weitere Materialien bereit.

6.5 British Library Sound Archive, Oral History

http://sounds.bl.uk/Oral-history

Das British Library Sound Archive verfügte über eine einmalig breite Sammlung von Interviews, die auch nach thematischen Gesichtspunkten zugänglich sind und von „Architecture and landscape design" bis „Women's history" reichen (unter: *oral history collections*). Manche Interviews sind frei verfügbar, andere nach Registrierung nur für in Großbritannien lizensierte Bildungs- und Forschungsinstitutionen zugänglich.

6.6 Chronik der Mauer

www.chronik-der-mauer.de

Das von der Bundeszentrale für politische Bildung, dem Zentrum für Zeithistorische Forschung Potsdam und dem Deutschlandradio initiierte Portal stellt Ursachen, Verlauf und Folgen von Mauerbau und Mauerfall dar und illustriert diese mit Dokumenten, O-Tönen aus dem RIAS-Archiv und Zeitzeugeninterviews. Eine Smartphone-App führt zu den Resten der Berliner Mauer.

6.7 Das Archiv der Zeitzeugen

http://www.archiv-der-zeitzeugen.com/

Dies ist eine Seite des Verlagshauses Monsenstein und Vannerdat OHG, Münster. Das „Archiv der Zeitzeugen" stellt schriftliche Erinnerungen, die jedermann bei ihm einstellen kann, als „Open Access" für die wissenschaftliche oder journalistische Auswertung und Verwendung zur Verfügung. Auf alle Texte kann per Volltextsuche zugegriffen werden. Alle Texte können kostenlos und vollständig als PDF heruntergeladen werden. Es ist auch möglich, die Schriften als Book on Demand zu erwerben.

6.8 DDR-Zeitzeugen

http://www.ddr-zeitzeuge.de

Die Website ist eine Gemeinschaftsprojekt des Beauftragten der Bundesregierung für Kultur und Medien, der Bundesstiftung Aufarbeitung, der Stiftung Berliner Mauer und der Stiftung Gedenkstätte Hohenschönhausen. Sie dient vor allem der Vermittlung von Zeitzeugen für Bildungsveranstaltungen und enthält dazu eine nach Bundesländern geordnete Liste von Namen.

6.9 Deine Geschichte

http.//www.deinegeschichte.de

Bei der Website handelt es sich um ein Projekt des Mediennetzwerks „Kooperative Berlin“. Es wurde zeitweise gefördert von der Bundesstiftung zur Aufarbeitung der SED-Diktatur und von der Robert-Bosch-Stiftung. DeineGeschichte.de veröffentlicht redaktionelle Beiträge, die von Historikern, Medien- und Kommunikationswissenschaftlern erstellt werden, darunter auch sehr viele Zeitzeugeninterviews und Unterrichtseinheiten zu zeitgeschichtlichen Themen. Der Schwerpunkt liegt auf der deutschen Geschichte seit 1945, jedoch enthält das Portal auch Beiträge zur deutsch-jüdischen und (ost-)europäischen Geschichte des 20. Jahrhunderts.

Lehrende und Lernende sollen zur aktiven Mitarbeit angeregt werden. Deshalb bietet das Portal auch Unterstützung bei der Durchführung von Zeitzeugeninterviews und anderen Beiträgen zu zeitgeschichtlichen Themen an. Das Portal gibt auch praktische Hinweise zu Recherchemöglichkeiten und zur Bearbeitung von Audio- und Video-Dateien. Lehrende und Lernende können so eigene Beiträge zu zeitgeschichtlichen Themen auf DeineGeschichte.de erstellen und hochladen.

6.10 einestages

http://einestages.spiegel.de/page/aboutEinesTages.html

Das von SPIEGEL ONLINE betriebene Portal enthält Bilder, Filme, schriftliche Berichte, Tondokumente etc. zur Zeitgeschichte, die von jedem, der ein Ereignis erlebt hat, eingereicht werden können. Die Medien werden vor der Veröffentlichung von der Redaktion geprüft. Die Seite fordert auch zu Diskussionen und Debatten über historische Themen auf und bietet den (kostenlos eingeschriebenen) Mitgliedern die Möglichkeit, einander bei der Recherche zu zeitgeschichtlichen Themen und Relikten zu helfen und zu unterstützen.

6.11 erinnern.at

http://www.erinnern.at/bundeslaender/oesterreich

Der Verein „Nationalsozialismus und Holocaust: Gedächtnis und Gegenwart“ – kurz „erinnern.at“ – ist ein Vermittlungsprojekt des Bundesministeriums für Unterricht, Kunst und Kultur für Lehrende an österreichischen Schulen. Es will den Transfer von historischem und methodisch-didaktischem Wissen fördern sowie seine Bedeutung für die Gegenwart reflektieren. Lernende sollen sowohl Kenntnisse erwerben als auch ethisch sensibilisiert werden. Hierfür bietet die Internetseite unter der Rubrik „Zeitzeugen" Video-Interviews mit Holocaust-Überlebenden sowie jüdischen Flüchtlingen an.

6.12 Gedächtnis der Nation

http://www.gedaechtnis-der-nation.de

Dieses Projekt wurde 2006 von Guido Knopp, Leiter der ZDF-Redaktion Zeitgeschichte, und Hans-Ulrich Jörges, Mitglied der Chefredaktion des *stern* angeregt. Das Projekt wird von mehreren Großunternehmen sowie vom ZDF gesponsert. Dem wissenschaftlichen Beirat und dem Kuratorium gehören namhafte Wissenschaftler und bekannte Persönlichkeiten an. Auch der Verband der Geschichtslehrer unterstützt das Vorhaben. Die Interviews werden zum Teil in einem Bus aufgenommen, der durch die Lande fährt und Erinnerungen „einsammelt". Auf der Website heißt es:"Geschichte lebt durch Geschichten. Durch persönliche Erfahrungen und Erlebnisse. Sie in Interviews einzufangen und für spätere Generationen zu bewahren, ist das Ziel des Vereins ‚Unsere Geschichte. Das Gedächtnis der Nation'. Das bundesweit einmalige Projekt sammelt Erzählungen von Zeitzeugen zu Alltagserfahrungen und zentralen Momenten der deutschen Geschichte. Vor der Kamera berichten Jung und Alt über ihre ganz individuellen Erinnerungen an historische Ereignisse und Entwicklungen. Sie bilden die Mosaiksteine im Geschichtsbild einer Nation und prägen das Selbstverständnis einer Gesellschaft. Erzählen auch Sie uns Ihre Geschichte und werden Teil eines facettenreichen Archivs der Erinnerungen!"

Eine Unterabteilung ist der „Mitmachkanal Unsere Geschichte" http://www.youtube.com/user/unseregeschichte, auf dem Jugendliche dazu aufgefordert werden, Zeitzeugenvideos, die sie selber aufgezeichnet haben, über YouTube ins Netz zu stellen.

(Vgl. die Rezension von Lutz Schröder: http://hsozkult.geschichte.hu-berlin.de/rezensionen/type=rezwww&id=164.)

6.13 Institut für Geschichte und Biografie, Fernuniversität Hagen

http://www.fernuni-hagen.de/geschichteundbiografie/

Das Institut ist Sitz der Redaktion und des Sekretariats der International Oral History Association (s. o.). Die Website ermöglicht einen breiten Einblick in die Aktivitäten des Instituts, das in Deutschland eine führende Rolle bei der Oral-History-Forschung spielt. Das Institut betreibt auch das „Archiv Deutsches Gedächtnis" (s. o.).

6.14 International Oral History Asociation (IOHA)

http://www.iohanet.org/

Die Internationale Oral History Association wurde 1996 auf der IX. Internationalen Oral History Konferenz in Göteborg gegründet. Die IOHA bietet „Oral Historians" auf der ganzen Welt ein Forum zum Austausch und zur Zusammenarbeit. Die IOHA führt alle zwei Jahre eine internationale Konferenz durch und gibt jeweils zweisprachig (Englisch und Spanisch) das Bulletin „Words and Silences" und den „IOHA-Newsletter" heraus. Sitz des Sekretariats der IOHA ist das Institut für Geschichte und Biografie an der Fernuniversität Hagen.

6.15 Jugendopposition

http:/www.jugendopposition.de

Bei dieser Website handelt es sich um ein Kooperationsprojekt der Bundeszentrale für politische Bildung und der Robert-Havemann-Gesellschaft e. V. Die Website bietet Zeitzeugenaussagen, ergänzende Quellenmaterialien und Arbeitsblätter zu wichtigen Etappen der DDR-Geschichte, wobei der Schwerpunkt jeweils auf dem Thema „Jugendopposition" liegt.

6.16 Kollektives Gedächtnis

http://www.dhm.de/lemo/forum/kollektives_gedaechtnis/index.html

Das vom Haus der Geschichte in Bonn und dem Deutschen Historischen Museum in Berlin gemeinsam betriebene „Kollektive Gedächtnis" bietet die Möglichkeit, persönliche Erinnerungen zu veröffentlichen, die in einem Zusammenhang mit der deutschen Geschichte des 20. Jahrhunderts stehen. Jeder, der seine persönliche Geschichte erzählen möchte und diese der Öffentlichkeit zugänglich machen will, kann einen Beitrag einreichen. Es kann in insgesamt sechs Themenbereichen zur deutschen Zeitgeschichte nach Interviews recherchiert werden (Erster Weltkrieg, Weimarer Republik, NS-Regime, Zweiter Weltkrieg, Deutschland nach 1945, Sonstige). Allerdings handelt es sich ausschließlich um verschriftliche Erinnerungen und nicht um Ton- oder Videoaufnahmen.

6.17 Koordinierungsstelle „Zeugen der Zeit“

www.zeitzeugen.bildung-rp.de

Über die Website der vom Land Rheinland-Pfalz eingerichteten Koordinierungsstelle ist eine Datenbank zugänglich, die Informationen über Zeitzeugen (z. Z. ca. 130) zu verschiedenen Themenbereichen enthält, die für Schulen in Frage kommen und zu denen über die Stelle Kontakt aufgenommen werden kann. Zu ausgewählten Themen können über die Koordinierungsstelle Unterrichtsmaterialien bezogen und Fortbildungen belegt werden.

6.18 Memoro

http://www.memoro.org/de/

Memoro („Die Bank der Erinnerungen“) ist ein internationales Non-Profit-Projekt, das sich der Sammlung teils selbst, teils von den Teilnehmern bzw. Benutzern produzierter Video- und Audioclips über Lebenserfahrungen und Erzählungen der Menschen widmet, die vor 1950 geboren sind. Das Format sind Audio- und Videoclips von ein paar Minuten Länge.

6.19 Oral-History-Archiv am Institut für Sozial- und Wirtschaftsgeschichte der Karl-Franzens-Universität Graz

http://www.uni-graz.at/wsgwww/wsgwww_oralhistory_archiv.htm

Das Archiv besteht seit 1984. Es enthält gegenwärtig eine Sammlung von ca. 2300 Interviews zur Zeitgeschichte Österreichs, insbesondere der Steiermark. Das Archiv versteht sich primär als ein Ort der Bewahrung und als Serviceeinrichtung für die Forschung.

6.20 Oral History Association (USA)

http://www.oralhistory.org/

Die Website vermittelt einen guten Einblick in die vielfältigen wissenschaftlichen und pädagogischen Aktivitäten der Oral History in den USA. Die Vereinigung gibt auch den Oral History Review heraus, die führende Fachzeitschrift zur Oral History in den USA (http://ohr.oxfordjournals.org/). Das Wiki der OHA (http://www.oralhistory.org/wiki/index.php/Main_Page) enthält eine beeindruckende Übersicht über die Oral-History-Forschungs- und Dokumentationslandschaft in den USA. Unter „Education“ finden sich Hinweise und Beispiele für Oral History im Unterricht (http://www.oralhistory.org/education/).

6.21 Österreichische Mediathek

http://www.mediathek.at/

Die Österreichische Mediathek (OeM) ist eine Außenstelle des Technischen Museums Wien. Das audiovisuelle Archiv enthält eine Million Tonaufnahmen und Videos zur österreichischen Kultur- und Zeitgeschichte. Über die „Mediathek-Online-Medien" ist die Suche nach im Internet abhörbaren Medien möglich. Hierunter befinden sich auch teilweise Zeitzeugenberichte. Für die Nutzung des Gesamtkatalogs ist ein Besuch vor Ort erforderlich.

6.22 Schweizer Radio DRS

http://www.drs.ch/www/de/drs/themen/wissen/politik-zeitgeschehen/76439.der-holocaust-zeitzeugen-erinnern-sich.html

Auf seiner Internetseite hat das Schweizer Radio DRS den Artikel „Der Holocaust: Zeitzeugen erinnern sich" veröffentlicht. Er beinhaltet mehrere Zeitzeugenberichte von Holocaust-Überlebenden.

6.23 University of South California (USC): Shoa Foundation Institute for Visual History and Education

http://sfiaccess.usc.edu/

Dieses größte und bekannteste Zeitzeugenarchiv zur Vernichtung der europäischen Juden geht auf eine Initiative des Regisseurs Steven Spielberg zurück, die im Kontext der Dreharbeiten an „Schindlers Liste" entstand. Spielberg gründete die Survivors of the Shoah Visual History Foundation 1994, um Videoaufzeichnungen von den Überlebenden und Zeugen des Holocaust zu sammeln. Meistens handelte es sich um jüdische Überlebende, es wurden aber auch andere Gruppen berücksichtigt, z. B. überlebende Homosexuelle, Zeugen Jehovas, Befreier und Zeugen der Befreiung, politische Gefangene, Helfer und Retter, Roma und Sinti, Überlebende eugenischer Verfolgung, Kriegsgerichtsteilnehmer usw. Innerhalb weniger Jahre entstanden auf diese Art ca. 52.000 Videoaufzeichnungen in 32 Sprachen aus 56 Ländern.

Im Januar 2006 wurde die Survivors of the Shoah Visual History Foundation Teil des Dana and David Dornsife College of Letters, Arts and Sciences der University of Southern California in Los Angeles. Die Namensänderung zu USC Shoah Foundation Institute for Visual History and Education drückt den erweiterten Auftrag des Instituts aus: die Beseitigung von Vorurteilen, Intoleranz und Bigotterie – sowie der durch sie verursachten Leiden – durch den pädagogischen Einsatz der visuellen Aufzeichnungen des Instituts. Das Institut richtet sich heute an Erzieher, Schüler, Studenten, Forscher und Gelehrte auf allen Kontinenten. Es unterstützt auch die Sammlung von Aussagen der Überlebenden und Zeugen anderer Völkermorde. Für Deutschland besteht ein registrierungspflichtiger Zugang zu dem Archiv über die Freie Universität Berlin (www.vha.fu-berlin.de).

(Siehe auch den Hinweis auf die von der Bundeszentrale für politische Bildung und der Freien Universität Berlin herausgegebene DVD „Zeugen der Shoah. Fliehen – Überleben – Widerstehen – Weiterleben")

6.24 Von Zeit zu Zeit

---

http://www.von-zeit-zu-zeit.de/index.php?template=artikel&article_id=42#werKannMitmachen

---

„Von Zeit zu Zeit" ist ein Geschichtsportal zum Mitmachen, das von der Stuttgarter Zeitung, dem Stadtarchiv Stuttgart und der Volkshochschule Stuttgart getragen wird. Im Mittelpunkt steht die Geschichte Stuttgarts im 20. Jahrhundert. Die Texte und Bilder sind frei zugänglich. Man kann kostenlos an dem Portal teilnehmen, d. h. Fotos und Zeitzeugenberichte einstellen und hochladen. Alle Fotos und Zeitzeugenberichte werden auch vom Stadtarchiv Stuttgart als eigener Bestand archiviert.

6.25 WDR 5: Erlebte Geschichten

---

http://www.wdr5.de/sendungen/erlebte-geschichten.html

„Erlebte Geschichten" ist eine ca. 20 Jahre alte Sendereihe des WDR 5. Bisher wurden Schilderungen, Berichte und Anekdoten von über 500 Menschen zusammengetragen. Die einzelne Sendung dauert 20 Minuten. Diese umfangreiche Sammlung autobiografischer Zeugnisse stellt WDR 5 auch als Podcast zum Nachhören zur Verfügung.

6.26 Werkstatt der Erinnerung

---

http://www.werkstatt-der-erinnerung.de

Die Werkstatt der Erinnerung (WdE) ist das Oral-History-Archiv der Forschungsstelle für Zeitgeschichte in Hamburg. Den Schwerpunkt der Sammlung bilden Interviews mit Verfolgten des NS-Regimes. Die Interviews behandeln thematisch jedoch auch zahlreiche Aspekte der deutschen und hamburgischen Zeitgeschichte von 1918 bis zu den 1970er Jahren. Der Bestand umfasst mittlerweile über 1500 Interviews und wird kontinuierlich erweitert.

6.27 Zeitpfeil

http://www. Zeitpfeil.org

Der gemeinnützige Verein „Zeitpfeil – Studienwerk Berlin/Brandenburg im Politischen Arbeitskreis Schulen e. V.“, der sich für die Förderung zivilgesellschaftlichen und politischen Handelns einsetzt, gibt auf dieser Website auch Hinweise auf die Arbeit mit Zeitzeugen, insbesondere zur DDR-Geschichte. Der Verein hat auch das Werkheft „Zeitzeugenarbeit zur DDR-Geschichte. Historische Entwicklungslinien – Konzepte – Bildungspraxis“ (Essen 2012) veröffentlicht.

6.28 Zeitzeugenbörse

http://www.zeitzeugenboerse.de

Die Zeitzeugenbörse e. V. ist ein gemeinnütziger Verein, der sich zum Ziel gesetzt hat, „den reichhaltigen Erinnerungs- und Erfahrungsschatz älterer Menschen an jüngere Menschen weiterzugeben und so den generationenübergreifenden Dialog zu fördern“. Aus einem Pool von 180 Zeitzeugen vermittelt der Verein Zeitzeugen sowohl an Bildungseinrichtungen als auch an Interessierte aus dem Medienbereich.

6.29 Zeitzeugenbüro der Bundesstiftung zur Aufarbeitung der DDR-Diktatur

http://www.zeitzeugenbuero.de/index.php?id=welcome0

Das Zeitzeugenportal ist ein gemeinsames Projekt der Bundesstiftung zur Aufarbeitung der SED-Diktatur, des Bundesministeriums des Innern und der deutschen Bundesländer, vertreten durch die Sächsische Staatskanzlei. Die Internetplattform richtet sich an Schulen und andere Einrichtungen der historisch-politischen Bildungsarbeit. Die Idee des Portals besteht darin, Personen, die die Jahre der deutschen Teilung miterlebt und deren Überwindung aktiv mit gestaltet oder professionell beobachtet und begleitet haben, mit jungen Menschen zusammen zu bringen, die sich für die Aufarbeitung der jüngsten deutschen Zeitgeschichte interessieren. Darüber hinaus bietet die Homepage thematisch einschlägige Ressourcen, die unter anderem zur Vorbereitung von Schulstunden oder Veranstaltungen zum Thema Demokratie und Diktatur in Deutschland nach 1945 geeignet sind. Nach der Registrierung ist es möglich in einer Datenbank nach Zeitzeugen zu suchen, die über bestimmte Themen und Ereignisse berichten können. Die Zeitzeugen können auch nach Bundesländern ausgesucht werden.

6.30 Zeitzeugengeschichte.de

http://www.zeitzeugengeschichte.de

Dies ist eine etwas veraltete und seit mehreren Jahren offenbar nicht aktualisierte, im Jahr 2008 aber mit dem Grimme Online Award ausgezeichnete Website des Vereins Metaversa e. V. Verein für Medien, Bildung und Kultur. Es handelt sich um ein stark medienpädagogisch ausgerichtetes Projekt, u. a. mit einem ausführlichen Download für Jugendliche zur Durchführung von Oral History-Interviews. Im Mittelpunkt stehen die Jahre der nationalsozialistischen Herrschaft von 1933 bis 1945, zu denen von insgesamt gut 40 Zeitzeugen Erinnerungen gesammelt wurden. Die Einzelinterviews, die von Jugendlichen geführt wurden, wurden in kürzere thematische Clips aufgeteilt, sodass Äußerungen zu bestimmten Themen (z. B. Alltag unterm Hakenkreuz, Jugendorganisationen, Widerstand etc.) leicht vergleichend rezipiert werden können.

6.31 Zeitzeugen-tv

http://www.zeitzeugen-tv.de/

Das Biografienportal www.zeitzeugen-tv.com wird von der Zeitzeugen TV GmbH & Co KG betrieben. Es stellt gegen Bezahlung deutschsprachige audiovisuelle Biografien und Autobiografien online zur Verfügung. Die audiovisuellen Aufzeichnungen sind mit umfangreichen Zusatzinformationen verbunden und untereinander vernetzt. Das Portal wendet sich vorwiegend an private und kommerzielle Nutzer, aber auch an Lernende und Lehrende sowie Bildungsträger von der Volkshochschule bis zur Universität.

6.32 Zwangsarbeit 1939-1945. Erinnerungen und Geschichte

http://www.zwangsarbeit-archiv.de/

Dieses Projekt ist eine Kooperation der Stiftung „Erinnerung, Verantwortung und Zukunft" mit der Freien Universität Berlin und dem Deutschen Historischen Museum. Knapp 600 ehemalige Zwangsarbeiterinnen und Zwangsarbeiter aus 26 Ländern erzählen ihre Lebensgeschichte in ausführlichen Audio- und Video-Interviews, die alle 2005/06 aufgenommen wurden. Die 190 Video- und 393 Audio-Interviews wurden in der Muttersprache oder heutigen Alltagssprache der Zeitzeuginnen und Zeitzeugen durchgeführt. Die ausführlichen lebensgeschichtlichen Interviews dauerten durchschnittlich drei bis vier Stunden; meist fanden sie in der Wohnung der Befragten statt. Fast alle Interviews sind transkribiert und durch Kurzbiografien erschlossen; etwa ein Drittel der Interviews (vornehmlich Video-Interviews) sind zudem ins Deutsche übersetzt.

Die Interviews sind nach der Registrierung über die Online-Plattform für Bildung und Wissenschaft verfügbar. Auf der Website sind aber auch einige zusammengefasste Interviews sowie dazu passende Materialien direkt zugänglich (siehe auch unter „Digitale Medien“ die Doppel-DVD „Zwangsarbeit 1939-1945. Erinnerungen und Geschichte. Zeitzeugeninterviews für den Unterricht“)

7. Verzeichnis ausgewählter digitaler Medien (CD/DVD)

- Bundeszentrale für politische Bildung und Freie Universität Berlin (Hrsg.): Zwangsarbeit 1939-1945. Erinnerungen und Geschichte. Zeitzeugen-Interviews für den Unterricht. (Doppel-)DVD, 2011. Zu der DVD kann ergänzend bestellt werden: Angela Martin, Cord Pagenstecher: Lehrerheft: Informationstexte, Aufgabenvorschläge, Arbeitsblätter, Berlin 2011.
  Auf der DVD sind Auszüge aus Interviews mit zwei Zwangsarbeitern und drei Zwangsarbeiterinnen exemplarisch für den Unterricht aufbereitet. Es besteht auch die Möglichkeit, diese Interviews vollständig zu bestellen, um die Auswahl der Szenen auf den DVDs nachvollziehbar zu machen und eventuell mit einem kostenlosen Schnittprogramm (z. B. „Movie Maker") selber biografische Videoclips zu den Zeitzeugen herzustellen.
- Bundeszentrale für politische Bildung und Freie Universität Berlin (Hrsg.): Zeugen der Shoah. Fliehen – Überleben – Widerstehen – Weiterleben. Lernsoftware mit Video-Interviews, Sekundarstufen I und II, 2012.
  Auf vier Video-DVDs Dauer erzählen zwölf Überlebende der nationalsozialistischen Verfolgung jeweils ca. 30 Minuten lang aus ihrem Leben. Die zwischen 1994 und 1996 aufgezeichneten Interviews stammen aus dem Archiv des USC Shoah Foundation Institute for Visual History and Education. Auf vier weiteren DVD-ROM sind die Interviews erneut enthalten, nun aber integriert in eine Lernsoftware, die für die selbständige Einzel- oder für Partnerarbeit, zum Teil auch für die Arbeit in Gruppen oder im Klassenverband konzipiert ist. Sowohl die Video-DVD als auch die DVD-ROM enthalten jeweils weiteres Informations- und Hintergrundmaterial. Zusätzlich erhältlich ist ein gleichnamiges Begleitheft für Lehrende.
- Langbein, Kurt (Hrsg.): Zeit:zeugen. Opfer des NS-Regimes im Gespräch mit SchülerInnen. Video-DVD-ROM, Linz: Veritas Verlag 2004. Schüler und Schülerinnen führen 25 Interviews mit Opfern des NS-Regimes.
- Ecker, Maria (Hrsg.): Man muss das Erzählen. Holocaust Überlebende berichten. Audio-CD, Linz: Veritas Verlag 2002. Interviews mit drei Holocaust-Überlebenden (auf Österreich bezogen).
- Erlebte Geschichte: Nationalsozialismus. Zeitzeugeninterviews und Unterrichtsvorschläge digital. DVD-ROM oder CD-ROM, Berlin: Cornelsen 2005.

- Überleben – Karla Frenkel-Raveh. Eine Zeitzeugin berichtet. Sechs Hörbuch-CDs, Berlin: Cornelsen 2007.
- Shoa-Foundation (Hrsg.): Erinnern für Gegenwart und Zukunft. Überlebende des Holocaust berichten, CD-ROM, Berlin: Cornelsen Verlag 2000.
- Bundeszentrale für politische Bildung (Hrsg.): Damals in der DDR. Zeitzeugen erzählen Geschichte. 2006/2010.
  Die Aussagen von 78 Zeitzeugen können zeitlich-chronologisch über Zeiträume (1945-49, 1949-59; 1960-69; 1970-79; 1980-1988; 1989/90) oder über zwölf Themenbereiche (von „Alltag und Lebensgefühl" bis zu „Widerstand und Bürgerbewegung") angesteuert werden. Zur Erarbeitung und Kontextualisierung wird weiteres Material (eingeteilt in Didaktisches Material, historischer Kontext, Liste der Zeitzeugen, Videos und Bilder, Literatur, Quellenangaben) sowie ein Glossar und eine Chronik zur Verfügung gestellt.
- Meynert, Joachim/Mitschke, Gudrun: Die letzten Augenzeugen zu hören. Interviews mit antisemitisch Verfolgten aus Ostwestfalen, Bielefeld 1998. Das Buch enthält als Beilage eine CD mit ausgewählten Interviewpassagen.

8. Anhang

8.1 Kollektive Erinnerung und Wirklichkeit

(zu dem Kapitel „Zwischen Ereignisgeschichte und Lebensgeschichte“)

Bei dem folgenden Text des Historikers Helmut Schnatz über den Bombenangriff auf Dresden am 14. Februar 1945 handelt es sich nicht um einen konkreten Zeitzeugenbericht, sondern um eine Collage aus Augenzeugenberichten, einem zeitgenössischen Einsatzbericht der Feuerwehr, sinngemäßen Literaturzitaten, Zeitungsartikeln, Leserbriefen und Aussagen eines Historikers. Der Text versucht, eine in Dresden und Umgebung noch heute weitverbreitete und als faktisch zutreffend angesehene kollektive Erinnerung wiederzugeben, wonach die alliierten Flieger angeblich Jagd auf die Bevölkerung gemacht haben sollen.

„Bei diesem, dem dritten Angriff waren es vor allem die amerikanischen Begleitjäger, in denen auch Neger als Piloten erkennbar waren, die den Horror ins Unermessliche trieben. Die P-51 Mustang der 8. US Air Force hatten Befehl, unmittelbar nach dem Angriff aus ca. 7000 Metern Höhe im Sturzflug bis in Häuserdachhöhe herunterzugehen und Tiefangriffe auf die Bevölkerung zu fliegen. Bis 300 Maschinen vom Typ Mosquito machten so in den Straßen von Dresden Jagd auf die Menschen, sie töteten 10000, meistens im Großen Garten und auf den Elbwiesen. Sie griffen auch ein Waldstück im Bereich verlängerte Großenhainer Straße – Moritzburger Landstraße an, wo Flüchtige aus Dresden im Gasthof „Baumwiese“ Unterschlupf gefunden hatten. Die Flugzeuge kreisten dicht über den Baumwipfeln, die Flieger schauten aus den Flugzeugkanzeln heraus und richteten ihre Maschinengewehre direkt auf die wehrlosen Menschen. Dem Wahnsinn nahe, hoben Mütter ihre Kinder den Schießenden entgegen; die Flieger knallten sie einfach nieder.“

(Helmut Schnatz: Tieflieger über Dresden? Legenden und Wirklichkeit, Köln 2000, S. 17-18; zit. nach Erbar 2012, S. 9)

Aufgrund eigener Recherchen in Archiven kommt Helmut Schnatz allerdings zu dem Ergebnis:

„Für jeden einzelnen Satz aus der Collage kann der wissenschaftliche Nachweis geführt werden, dass er Dinge behauptet, die so nicht stattgefunden haben können, teils mit einem knappen Faktum, teils aus größeren Zusammenhängen heraus. [...]. Dennoch sind solche Erzählungen in Deutschland – und wohl nicht nur dort – weit verbreitet und werden vor allen Dingen immer noch im Publikum geglaubt. Sie sind der Inhalt einer kollektiven Erzählung bzw. Überlieferung, die ursprünglich mündlich tradiert, dann von den Medien im weitesten Sinne transportiert wurden und werden. Im Zuge einer Rückkoppelung finden dann immer mehr standardisierte Einzelheiten Eingang in das kollektive Gedächtnis und äußern sich in der geschilderten Weise."

(Ebd.)

Aufgabe: *Überlegt und diskutiert: Wenn es sich bei der obigen Erzählung um einen Mythos handelt, wodurch könnte er verursacht sein? Warum hält sich dieser Mythos hartnäckig in der kollektiven Erinnerung der Menschen in und aus Dresden?*

Hinweis an Lehrkräfte: *Es dürften vor allem zwei Motive für die Diskussion wichtig sein: Der Wunsch der Menschen zu zeigen, dass ihnen damals Unrecht getan wurde, und die Vorurteile und Feindbilder, die im Nationalsozialismus über die Alliierten verbreitet waren („Neger" als Piloten).*

8.2 Vorschlag für ein Anschreiben der Lerngruppe an potenzielle Zeitzeugen

(Briefkopf der Schule)

Sehr geehrter Herr,
sehr geehrte Frau,

vielen Dank für Ihre Bereitschaft, mit uns über Ihre Erinnerungen und Erfahrungen zu (Thema des Projektes) zu sprechen. Wir haben uns vorgenommen, insgesamt ungefähr (Anzahl) Personen zu dem Thema zu befragen. Die Ergebnisse der Interviews möchten wir bis spätestens (Datum) in Form einer Ausstellung (einer Broschüre, einer Website o.Ä.) präsentieren.

Wir werden wahrscheinlich nicht alle Personen interviewen können, die sich gemeldet haben. Um herauszufinden, ob Sie hierfür in Frage kommen, möchten wir Sie bitten, das beigefügte Informationsblatt auszufüllen und an uns zurück zu schicken.

Wenn wir uns für ein Interview mit Ihnen entscheiden, werden wir uns bis (Datum) bei Ihnen melden. Wenn Sie ihrerseits Fragen zu unserem Projekt haben, so rufen Sie bitte unseren Projektleiter an (Name und Telefonnummer)

8.3 Vorschlag für ein Formblatt, das dem Zeitzeugen zugeschickt werden kann

(Briefkopf der Schule)

Datum:

Name:

Telefonnummer:

Adresse:

Geburtsdatum:

Gegenwärtige berufliche Tätigkeit:

Berufliche Tätigkeit während des historischen Ereignisses:

Kurze Beschreibung der Erfahrungen zu dem historischen Ereignis bzw. der historischen Epoche:

Wo lebten Sie damals?

Wo möchten Sie interviewt werden: Zu Hause, an Ihrer Arbeitsstelle oder in der Schule?

Können Sie noch jemand anders nennen, der Auskunft zu unseren Nachforschungen geben könnte? Bitte nennen Sie den Namen und die Adresse und/oder Telefonnummer, unter der wir die Person erreichen können.

Bitte zurückschicken an: Adresse der Schule

Interview geplant für (Datum, Zeit, Ort):

Schüler-Interviewer:

(Vgl. Wood 2001, S. 65)

8.4 Vorschlag für die telefonische Kontaktaufnahme mit dem Zeitzeugen

Überlegt Euch vor dem Telefonat zwei Termine, die von Euch aus für das Interview in Frage kommen. Bedenkt, dass ihr dazu auch wissen müsst, wie lange ihr brauchen werdet, um den Zeitzeugen an seinem Wohnort zu erreichen, und ob für die von Euch vorgeschlagenen Zeitpunkte auch die Aufnahmegeräte zur Verfügung stehen.

Name und Telefonnummer des Zeitzeugen:

SPRICH LANGSAM ...

Guten Tag, ich heiße ________________ und bin Schüler an der ________________ (Name der Schule). Ich möchte mit Ihnen einen Termin und einen Treffpunkt ausmachen für ein Interview über ______________ (Thema des Projektes). Mein/e Mitschüler/in und ich werden wahrscheinlich ungefähr ____ Stunden für das Interview brauchen. Würde Ihnen ____________ passen? Als zweiten Termin können wir Ihnen ____________ vorschlagen.

Sollten Sie verhindert sein, so rufen Sie uns bitte unter ________ an.

Vielen Dank. Wir freuen uns auf das Interview.

(Vgl. Wood 2001, S. 69)

8.5 Bescheinigung über ausgeliehene Privatgegenstände

(Briefkopf der Schule)

Datum:

Name des Zeitzeugen:

Adresse:

Telefonnummer:

Name des Interviewers/Entleihers:

Adresse:

Telefonnummer:

Entliehene Gegenstände:

Anmerkungen zum Gebrauch der Gegenstände:

Die Gegenstände werden spätestens bis zum __________ zurückgegeben.

Datum

Unterschrift des Verleihers und des Entleihers

(Vgl. Wood 2001, S. 71)

8.6 Tipps für die Audio- oder Videoaufnahme

- Vor jeder Aufnahme ist genügend Zeit zum Aufbau einzuplanen und eine etwa einminütige Probeaufnahme zur Kontrolle von Bild und Ton durchzuführen.
- Auf aufgeladene Akkus achten und Ersatzakkus mitnehmen.
- Mini-DV-Bänder müssen auf einen anderen Träger überspielt werden, da sie sich bei häufigem Abspielen leicht dehnen.
- Die Kamera sollte grundsätzlich auf einem Stativ stehen.
- Auf alle Fälle sollte man ein externes Mikrofon verwenden, entweder auf einem Stativ oder ein Knopfmikrofon. Die üblichen in die Kamera eingebauten Mikrofone haben nur eine geringe Reichweite und nehmen häufig die Kamerageräusche mit auf.
- Das Aufnahmegerät sollte ein Echtzeitzählwerk haben, um später die Auswertung zu erleichtern.
- Keine Aufnahmen im Gegenlicht machen, d. h. mit der Kamera möglichst mit dem Rücken oder der Seite zur Fensterfront stehen.
- Die Kamera nicht in der Sonne liegen lassen und keinesfalls Sonne in die Linse kommen lassen, da dies bleibende Schäden hinterlässt.
- Die Kamera muss kurz vor dem eigentlichen Aufnahmebeginn eingeschaltet werden, und auch wenn sie zwischendurch nur kurz abgeschaltet wurde, braucht sie zu Beginn und zum Ende jeder Sequenz ca. 10 Sekunden Vor- und Nachlauf.
- Häufig empfiehlt es sich, die Gardinen zuzuziehen und das Deckenlicht einzuschalten, um wechselndes Licht zu vermeiden. Zusätzliches Licht ist bei den heutigen Kameras meist nicht notwendig.
- Der Hintergrund sollte ruhig sein und nicht zu farbig.
- Die Kamera sollte so eingerichtet werden, dass das Objektiv auf Augenhöhe des Interviewpartners ist.
- Der Interviewer sollte sich direkt neben die Kamera setzen, sodass das Objektiv über seine Schulter schaut.
- Der Zeitzeuge sollte den Interviewer bei der Aufnahme ansehen und nicht in die Kamera blicken.
- Der Bildausschnitt sollte so gewählt werden, dass der Interviewpartner etwa in Höhe der Achselhöhlen unten abgeschnitten wird und die Augen im oberen Drittel des Bildes sind (Nahaufnahme auf der Linie des Goldenen Schnitts).
- Der Interviewpartner sollte aufrecht sitzen können (keine weichen Sessel).
- Schnelle Schwenks sind zu vermeiden, der Zoom ist sparsam zu verwenden.
- Die Bänder sind zu nummerieren und beschriften. Nach der Aufnahme ist eventuell der Löschschutz (kleiner grüner Schieber) einzustellen.

(Sibylla Leutner-Ramme: Zeitzeugen-Interviews: Tipps für die Aufnahme. In: Schreiber 2009, S. 128)

8.7 Auf dem Weg zum Interview – Checkliste

Ein Zeitzeugeninterview ist kein unverbindliches Geplauder, sondern ein geplantes Zusammentreffen mit der Absicht, einen Menschen zum freimütigen Erzählen seiner Lebensgeschichte(n) zu bewegen. Wer kurz vor einem Zeitzeugeninterview steht, sollte sich deshalb die folgenden Fragen noch einmal durch den Kopf gehen lassen.

A) Bin ich inhaltlich gut vorbereitet?

- Kenne ich mich so gut wie möglich mit dem Thema und dem historischen Hintergrund aus?
- Habe ich mich ausreichend über den Zeitzeugen informiert?
- Ist mir bewusst, worüber ich mehr erfahren möchte? Habe ich meine Leitfragen nicht nur schriftlich dabei, sondern auch im Kopf?

B) Bin ich technisch-organisatorisch gut vorbereitet?

- Habe ich das Aufnahmegerät überprüft? Habe ich Ersatzbatterien und/oder einen Netzadapter eingesteckt?
- Reicht der Speicherplatz für die Audio-/Videoaufnahme aus? Habe ich eine hinreichend große Ersatzspeicherkarte dabei? Habe ich Audio-/Videocassetten in ausreichender Menge dabei?
- Sollte ich nicht zur Begrüßung einen Blumenstrauß oder eine andere Aufmerksamkeit mitbringen?
- Habe ich Notizblock, Stift und Fotoapparat dabei?
- Habe ich die schriftlichen Quellen, Fotos, Gegenstände etc. mitgenommen, die ich eventuell dem Zeitzeugen vorlegen könnte, um seine Erinnerung anzuregen?
- Habe ich als eigene Erinnerungsstütze die Leitfragenliste und die Liste mit den Angaben zur Person des Zeitzeugen dabei?
- Habe ich wirklich genügend Zeit, um das Gespräch eventuell auch länger als geplant führen und um mir hinterher über die ersten Eindrücke noch Notizen machen zu können?

C) Sind der Zeitzeuge und ich selber so gut wie möglich auf das Gespräch eingestellt?

- Habe ich den Zeitzeugen gut informiert? Ist ihm der Zweck und die Art der Durchführung des Interviews klar? Weiß er, worauf er sich einlässt?

- Bin ich in einer neugierigen und konzentrierten Stimmung? Bin ich wirklich offen für die Geschichte des Zeitzeugen – auch und gerade dann, wenn er sachlich oder moralisch Fragwürdiges erzählt?
- Bin ich auf ein zurückhaltendes, eindeutiges und einfühlendes Frageverhalten vorbereitet?
- Habe ich mir eine weite Einstiegsfrage überlegt, mit der ich das Interview beginnen möchte?

8.8 Übung zur Analyse der Gesprächsführung in Zeitzeugeninterviews

Text A

Der Historiker Josef Werner führte am 26.06.1984 mit der 60-jährigen Hannelore W.-R., einem ehemaligen Mitglied des Opernensembles des Karlsruher Theaters, ein Interview zur Situation 1945. An diesem lassen sich typische Merkmale eines Zeitzeugeninterviews erkennen.

„I(nterviewer): Machen wir einen Sprung zu der Zeit, als die Franzosen dann kamen. [...] Wissen Sie etwas davon, der Staatskapelle wurde ja das ganze Instrumentarium gestohlen von den Franzosen, also sämtliche Instrumente. Die wurden für eine französische Musikkapelle, die angeblich 70 Mann stark war, wurde das ganze Zeug herausgenommen. Ich weiß gar nicht, wo das gelagert gewesen ist.

Frau W.-R.: Das weiß ich nicht.

I.: Aber eine andere Frage. Die Staatskapelle hat ja dann bald wieder Konzerte gemacht. Wo haben die die Instrumente her gehabt?

Frau W.-R.: Das weiß ich auch nicht. Ich glaube, sie hatten ihre eigenen dann zur Verfügung gestellt. Die erste Zeit waren es eigene Instrumente.

I.: Ach so, das waren Dienstinstrumente, die sie vorher gehabt haben?

Frau W.-R.: Das waren Dienstinstrumente, die sie vorher hatten. Und dann haben sie die eigenen Instrumente eben benützt.

I.: Der Betrieb begann dann damit, dass zunächst mal am 23. Juni ein Konzert im Konzerthaus stattfand, aber nicht für die Öffentlichkeit, sondern für die Franzosen. Können Sie sich daran erinnern?

Frau W.-R.: Da kann ich Ihnen leider keine Auskunft geben, also da kann ich mich nicht mehr erinnern.

I.: Das war das erste öffentliche Auftreten der Staatskapelle überhaupt nach dem Krieg.

Frau W.-R.: Das weiß ich leider nicht. [...] Unser erstes Auftreten war ein Opernabend in Durlach, in der Festhalle. [...]

I.: Das war im September gewesen?

Frau W.-R.:Ja.

I.: Ich habe das Datum genau. Und das war ein Abend mit Operetten und Oper.

Frau W.-R.: Oper und Operetten.

I.: Die ersten Veranstaltungen fanden ohnehin in Durlach statt und nicht im Konzerthaus, weil das noch nicht so ganz in Schuss war. Da fanden also drei, vier Vorstellungen zunächst in Durlach statt.

Frau W.-R.: Ja, meinen Sie jetzt Opern?

I.: Nein, Oper nicht. Leichte Muse, auch Tanzabend.

Frau W.-R.: Ja, aber das war alles nicht im Kostüm, das war alles improvisiert. Wir haben sehr oft, zum Beispiel Traviata, und die ganzen Dinge, die wurden auch in Durlach gespielt. Aber die Premiere fand dann im Konzerthaus statt.

I.: Ja, ja. Aber das war später dann. Nein, ich meinte diese ersten Veranstaltungen, das waren also wirklich Unterhaltungsabende, mehr oder weniger.

Frau W.-R.: Ja, Bunte Abende, Opernabende, so leichte Muse halt. [...]“

Stadtarchiv Karlsruhe, 8/St917 Nr. 105: Interviews über das Dritte Reich und die Nachkriegszeit in Karlsruhe, geführt von Josef Werner in den Jahren 1982-1984, Gespräch mit Hannelore W.-R. und Eugen R., S. 3, 4, 6.

Text B

Der Historiker Alexander von Plato führte das folgende Interview 1995 mit Siegfried Ehrlich (Pseudonym). Ehrlich, geb. 1926, war im Krieg schwer verwundet worden, lag bis 1947 im Lazarett und war danach als Schwarzhändler tätig. Nach der Berlin-Blockade lohnte sich diese Tätigkeit nicht mehr. Herr Ehrlich meldete 1950 in der Nähe von Oranienburg seinen Wohnsitz an, arbeitete von 1951 bis 1987 im Stahlwerk Hennigsdorf. Er heiratete eine Lehrerin und bekam mit ihr zwei Kinder; 1970 wurde er SED-Mitglied.

„Herr Ehrlich: Es fing alles 1945 mit einem Besuch meines Vaters im Lazarett in Hannover an. Auf der Rückfahrt nahm er für Bauern in Oranienburg Pferde mit von Braunschweig zurück. Dazu war viel Papierkram mit den Besatzungsbehörden notwendig gewesen, auch mit der Deutschen Wirtschaftskommission – DWK. Die Papiere hatte er aber gar nicht gebraucht, da er auf Schleichwegen über die Grenze gefahren war. Da lag der Gedanke nahe, das noch einmal zu versuchen – aber diesmal auf eigene Rechnung. In der Sowjetzone waren nach der Bodenreform die Pferde knapp. [...] Nicht nur die Bauern zahlten dafür. Richtig los ging es, als die DWK gegen Raufutter (Stroh und Heu)

Pferde aus der britischen Zone eintauschen wollte. Einige hundert gegen fünf bis sieben Tonnen Raufutter pro Pferd. [...]

Man erinnerte sich bei der DWK, dass mein Vater das mal gemacht hatte, und er bekam den Auftrag. Dazu bedurfte es einiger Organisation. Mein Vater konnte das allein nicht. Also machte ich mit. [...] Das Geld machten wir damit, dass wir statt der 15 Pferde in einen Viehwaggon 16 Pferde reintaten [...]. Dieses Pferd verkauften wir dann. Das brachte immerhin 10.000 Reichsmark. Für 6000 in der britischen Zone gekauft, in der sowjetischen haben wir dann 16.000 Mark bekommen. Auf der anderen Seite, im Osten, wurde dann in Prenzlau ein ganzer Zug mit Raufutter beladen und nach Berlin zum Westhafen gefahren [...] und von dort per Schiff in den Westen gebracht. Warenbegleitscheine, Ausfuhrbescheinigungen, tierärztliche Bescheinigungen usw. waren nötig. Im Osten war es ja nun leicht, weil wir von denen den Auftrag hatten, aber im Westen bekamen wir das in Kiel von einem Mann in der Bauernkammer, der war unterschriftsberechtigt [...] und wurde von uns geschmiert oder besser: beteiligt. [...]

Interzonenpässe beschafften wir über einen Flüchtling, der bei den Briten arbeitete in Elmshorn oder Pinneberg. Man konnte ja ohne solche Pässe nicht von einer Zone zur anderen fahren, damals. Ich war bis 1950 Westbürger, mein Vater hatte zwei Pässe und Wohnorte. Ich hatte auch noch eine Wohnung in Berlin-Charlottenburg. Wir meldeten uns also beide in der britischen Zone an, in Schleswig-Holstein, weil da auch die Pferde herkamen. In dieser Zeit vom Herbst 1947 bis zum April 1948 wurde also ein großes legales Geschäft mit Aufwand betrieben. [...]

Dann kam die Währungsreform und die Blockade, und damit unsere Blütezeit, nachdem das Geschäft quasi schon beendet war; vieles musste am Ende illegal gehen.[...]

Wir haben dann unsere Kontakte zur Deutschen Wirtschaftskommission wieder aufgenommen und sie überzeugt, dass wir gerade jetzt Pferde aus der britischen Zone in die sowjetische holen müssten. Die waren auch der Meinung. Also haben wir wieder weitergemacht. Ein Förster aus dem Kreis Lüchow-Dannenberg half uns, er kannte eine Furt über die Dumme, das Grenzflüsschen zwischen der britischen und sowjetischen Zone. [...] Wir fuhren auf seinen Hof, luden die sechs Pferde ab, das waren sehr gute Pferde, [...] der Förster hat sie an die Furt geführt, wir haben sie rübergebracht. Auf der anderen Seite [...] wartete der andere LKW. Da standen auch die Volkspolizisten (VP), und mit deren Hilfe (!) wurden die Pferde aufgeladen und ich bin zurückgegangen. [...]

I.: Und was sprang für Sie dabei heraus?

E.: Doch, das waren schon bei jedem Transport 1500 D-Mark.

I.: Die wurden offiziell von der sowjetischen Besatzungsmacht bezahlt? Oder von der DWK?

E.: Das weiß ich nicht.

I.: Wer übergab sie Ihnen denn?

E.: Wir haben die Pferde doch an Händlerin Berlin verkauft!

I.: West-Berlin?

E.: West-Berlin! (Lacht laut)

I.: Jetzt versteh ich nichts mehr. Mit Erlaubnis der Deutschen Wirtschaftskommission -

E.: – und mit Unterstützung der Volkspolizei –

L: – vermutlich mit Erlaubnis sowjetischer Besatzungsbehörden haben Sie die Pferde aus der britischen Zone rübergebracht. Und übergaben sie dann mithilfe der ostdeutschen VP West-Berliner Händlern?

E.: Ja – nnnnnnee (lacht), die haben natürlich nicht gewusst, wo wir damit hingefahren sind. Die haben uns nur an der Grenze geholfen. Der Major wurde von Berlin aus informiert: ‚Jawoll, das geht in Ordnung, die sind zu unterstützen.' Und damit war die Sache erledigt. [...]"

Alexander von Plato/Almut Leh: „Ein unglaublicher Frühling". Bonn 1997, Dok. 70, 5. 276f.; Nachweis: Archiv „Deutsches Gedächtnis", Lüdenscheid

Anmerkungen:
DWK = Deutsche Wirtschaftskommission, zentrale deutsche Verwaltungsinstanz in der sowjetischen Besatzungszone, bündelte die Verwaltung verschiedener Wirstschaftssektoren.
Texte und Idee entnommen aus: Claudia Tatsch: Besetzt! Ein kollektives Trauma? In: Praxis Geschichte, Heft 3/2010, S. 46-49

Aufgaben:

1. Lest den Text A und/oder den Text B. Fasst die wesentlichen Aussagen zusammen, die sich den Texten zu dem Thema „Wiederaufnahme des Theaterbetriebs in Karlsruhe nach 1945“ bzw. „Schwarzhandel nach 1945“ entnehmen lassen.
2. Analysiert die Gesprächsführung durch die beiden Interviewer: Was kann man über ihr Vorwissen und ihre Absichten sagen? Inwiefern fördert oder behindert ihre Art der Gesprächsführung den Erzählfluss der Interviewten?
3. Überlegt und diskutiert, a) welche grundsätzlichen Probleme der Führung eines Zeitzeugeninterviews in den beiden Texten deutlich werden; b) an welchen Stellen die Interviewer vielleicht anders hätten vorgehen sollen.

8.9 Hinweise für die Interviewführung

- Ein Interview ist kein Dialog! Es kommt hauptsächlich darauf an, den Befragten zur Erzählung *seiner* Geschichte(n) zu bringen. Um ein solches Gespräch in Gang zu bringen, solltest Du Dich zunächst auf einige höfliche und freundliche Bemerkungen beschränken. Es nützt wenig, den Zeitzeugen gleich zu Beginn mit anderen Erzählungen zu dem früheren Geschehen zu konfrontieren. Man vermeide also Einstiege wie diesen: „Meine Großmutter hat erzählt, im Dritten Reich hätten junge Menschen sehr intensive Gemeinschaftserlebnisse gehabt. Wie war das eigentlich in Ihrer Jugend?"
- Achte darauf, ob Deine Frage eine Wertung enthält, die den Befragten in eine bestimmte Richtung drängen könnte. Statt „War Herr Meyer ein netter Chef?" sollte man eher fragen „Was dachten die Beschäftigten der Firma über Herrn Meyer als Chef?" In Frageform vorgebrachte problematisierende Wertungen können hingegen anregend wirken, weil sie dem Befragten signalisieren, dass auch und gerade die Schwierigkeiten, die er früher vielleicht hatte, für den Interviewer von Interesse sind. (Zum Beispiel: „Ihre Erzählung klingt so, als sei Herr Meyer ein sehr unbeliebter Mensch gewesen.")
- Stelle jeweils nur eine Frage. Vermeide die Aneinanderreihung verschiedener Fragen, von denen der Interviewte wahrscheinlich sowieso nur die erste oder die letzte beantworten würde.
- Rede nicht lange um die Dinge herum, sondern stelle kurze und eindeutige Fragen. Vermeide es, Deine Fragen zu erläutern. Stelle keine Suggestivfragen. Beispiel: „Finden Sie nicht auch, dass die Menschen damals trotz aller Probleme solidarischer miteinander umgingen?"
- Beginne mit Fragen zu solchen Aspekten, die nicht oder wenig umstritten sind. Stelle solche Fragen zurück, die „wunde Punkte" berühren.
- Gib dem Zeitzeugen durch Blickkontakt, Nicken und eventuell durch mitfühlende Äußerungen zu verstehen, dass du seiner Erzählung aufmerksam folgst. Beispiel: „Das war für Sie damals sicher eine schwierige Situation ..."
- Interviewanfänger erkennt man oft daran, dass jede Pause gleich für eine neue Frage genutzt wird. Lass Dich nicht durch Gesprächspausen und Schweigen nervös machen. Gehe in solchen Fällen nicht gleich zu der nächsten Frage über, sondern lass dem Interviewten Zeit, über das nachzudenken, was er erzählen möchte. Entspann Dich in einer solchen Situation, z. B. indem Du Dir ein paar kurze Notizen machst.
- Unterbreche keine fließende Erzählung. Notiere Dir Deine Fragen für später. Vermeide aber ausführliche Mitschriften, weil sie den Befragten

irritieren und seinen Redefluss hemmen können. Konzentriere dich bei Nachfragen zunächst auf Ergänzungen und Präzisierungen des Erzählten. Beispiel: „Sie haben erzählt, Sie hätten damals sehr viel gelesen. Können Sie sagen, um welche Bücher es sich gehandelt hat? „

- Wenn der Zeitzeuge zu Themen abschweift, die eindeutig nicht sachdienlich sind (sich z. B. in der Schilderung der Krankheiten oder Schicksale entfernterer Familienmitglieder verliert), so sollte man versuchen, ihn so schnell wie möglich zum roten Faden des Gesprächs zurückzubringen: „Sie haben eben erzählt, die Fabrik, in der sie arbeiteten, sei 1967 geschlossen worden. Welche Auswirkungen hatte das auf ihr Familieneinkommen?"
- Vielen Menschen fällt es schwer, andere Menschen im Rückblick genauer zu charakterisieren. Man kann ihnen dies manchmal dadurch erleichtern, dass man zunächst nach dem Aussehen der Personen fragt, von denen erzählt wird.
- Bei jedem wichtigen Erzählabschnitt sollte man darauf achten, dass der damalige Aufenthaltsort und die damalige Rolle des Erzählers möglichst klar werden. So kann man später nachvollziehen, inwieweit er wirklich Augenzeuge war oder aber etwas „aus zweiter Hand" wiedergibt. Bei solchen Nachfragen muß man aber behutsam vorgehen. Der Zeitzeuge darf nicht das Gefühl bekommen, es bestünden generelle Zweifel an der Richtigkeit und Authentizität seiner Erzählung. Am besten stellt man diesbezügliche Nachfragen an das Ende des Interviews.
- Stelle solche Berichte, die Du für ungenau oder falsch hältst, nicht direkt in Frage. Versuche vielmehr, den Zeitzeugen zu möglichst vielen konkreten Erinnerungen anzuregen. Setze den Zeitzeugen nicht unter Druck, widerspruchslos und ohne Brüche zu erzählen oder präzise Angaben zu dem Geschilderten zu machen. Vermeide also Nachfragen wie: „Sie haben vorhin jenes erzählt und nun dieses. Wie passt denn das zusammen?"
- Weise den Zeitzeugen erst gegen Ende des Interviews taktvoll darauf hin, dass es vielleicht Berichte über das vergangene Geschehen gibt, die von seiner Erzählung abweichen, z. B. indem Du sagst: „Ich habe gelesen ..." oder „Ich habe gehört ...". Auf diese Art wird der Zeitzeuge dazu aufgefordert, seine abweichende Erinnerung bzw. die Differenz zu anderen Erzählungen zu begründen.
- Vermeide es, das Aufnahmegerät während des Gespräches ab- und anzustellen. Wenn der Zeitzeuge darum bittet, eine Passage nicht aufzunehmen, so mache ihm zunächst den Gegenvorschlag, am

Ende des Gesprächs die Aufnahme noch einmal abzuhören und Unerwünschtes dann zu löschen.

- Interviews funktionieren im Allgemeinen am besten, wenn nur Interviewer und der Zeitzeuge anwesend sind. Manchmal aber kann auch ein Interview mit zwei oder drei Zeitzeugen fruchtbar sein.
- Beende das Interview nach einer angemessenen Zeit. Eineinhalb Stunden ist bereits ein langer Zeitraum, nach dem sowohl der Erzähler als auch der Interviewer ermüden.
- Benutze das Interview nicht dazu, eigenes Wissen, die eigene Person, die eigene Gewandtheit zu demonstrieren. Gute Interviewes erkennt man daran, dass sie nicht sich selbst, sondern ihre Zeitzeugen durch das Gespräch profilieren.

8.10 Formulierungsvorschlag: Einverständniserklärung zur Publizierung

Hiermit erkläre ich mich damit einverstanden, dass das Interview, das am (Datum) mit mir geführt wurde, im Rahmen des Projektes (Thema) der Schule ______________ ganz oder teilweise veröffentlicht wird.

Datum

Unterschrift

8.11 Beispiel eines Interviewtranskriptes

Interview mit Frau P. (Jg. 1925) am 16. Februar 1999. Frau P. hatte sich auf einen Aufruf in der örtlichen Zeitung gemeldet, mit dem Zeitzeugen zum Thema „Schule in der Nachkriegszeit in Kassel" gesucht worden waren. Frau P. lebte zum Zeitpunkt des Interviews in einem Stadtteil von Kassel. Das Interview fand in ihrem Wohnzimmer statt.

I.: 1948.

P.: Da war- des war die erste Klasse, die nach dem Krieg da aufgemacht hat' ...

I.: ... höhere Handelsschule, (hmhm).

P.: Un(d) da mussten unsere Lehrer erst alle entnazifiziert werden. Die durften nicht unterrichten, bevor die nicht nachgewiesen hatten, dass sie keine Nazis sind. Weil jeder äh=gedacht hat „Wir sind alle Nazis gewesen [hm]." Das stimmt gar nit, nee?

I.: Ähä. Hm ((lachend)), wie viele Lehrer w- hat das betroffen, also ...?

P.: Joa, also' äh der Spanischlehrer, der war(ch)' äh Europäer, das war der Dr. M.. Und der Dr. J., der war in Südamerika, der war gar nit hier, der kam zurück und=und wurde gleich genommen für' äh nö, auch nit.' Des war erst (wart m-) Frau L. in Englisch' und äh' dann kriechten wir Dr. J..' Der hat schon meinen Onkel gehabt, 1927, auf der Schule. Und auch der ...

I.: Ach ((unterbricht sie)), das war einer von den alten Lehrern, die sie wieder' [Äh der noch gar nit so alt'] rekrutiert haben?

P.: Ne? Den- äh' der war nur während des Kriegs nach Südamerika gegangen. Und äh der Dr. M., das war ein älterer, der hatte auch meinen Onkel schon' äh'. Es gab ja auch keine Schulbücher, GAR NICHTS, wir mussten alles selbst aufschreiben. Die Lehrer haben uns das gesagt, und wir mussten mitschreiben' und mussten ausarbeiten'. Und ich weiß, wir ham dann in Englisch ne Lektüre gehabt', äh die spielte da in Japan an- auf irgendwelchen Inseln, und äh was Deutsches hätte man gar nit bringen können, damals, ne? Und da hat ma was Japanisches gebracht, wie äh da: auf den Inseln jemand gute Werke getan hatte und hatte jemanden gerettet und so was. Und das musste nun für' 36 Schüler waren wir in unserer Klasse, der erste Klasse nach em Krieg. Und ne gan- die meisten waren Kriegsteilnehmer, ne?

I.: Das war en ähm' ja, höhere Handelsschule halt (   ) [Ja.' Jaja. Das ist jetzt die ...], wo heute die Friedrich-List-Schule' ...?

P.: Das ist die heutige Freidrich-List-Schule [heutige Friedrich-List-Schule]. Damals hat ma ja kein-' Na- äh die Namen, die wenn vorher hatte, wie Hermann-Göhring-Schule oder Adolf-Hitler-Schule ((lachend)), die waren ja weg, ne? [Die waren weg, jaja.] Die ham- die Goethe-Schule, das war die: äh Hermann-Göhring-Schule, und die Albert-Schweitzer-Schule, das war die Adolf-Hitler-Schule. Und ähm die: äh Mittelschule für Knaben war die Horst-Wessel-Schule.' Und äh: ich war in (Amalien)-Schule vorher, das war was Neutrales, ja ((halb lachend))? Das war ne Mädchen-Mittelschule. Und von da aus-'. Und ich war immer äh für' Physik und äh Mathematik und: Geografie und Deutsch und so was, Geschichte.' Und ähm: ich wollte' physikalische Chemie studieren. Und hatte ne Stelle bei Henschel im Panzerbau, 1943, ne? [N-.] Und das war ...

I.: Nachdem sie sich- nachdem sie- ((unterbricht sie)) nachdem sie die Mittelschule abgeschlossen hatten, war das dann?

P.: Ja, [43.] hat michs Arbeitsamt aber nit gelassen, ne? [Ach, (et-) ja.] Nein, das war SCHLIMMER als heute, ne? Und äh:, na ja., und dann äh' hät ich in (Pflichtjahr) gemusst. Ein Jahr Haushalt oder Landwirtschaft, ne? [Hmhm.] Ähm' das war auch, äh: dass man nach der Schule' äh einfach' s- sie haben wohl auch viele Arbeitslose gehabt, und haben die dann so untergebracht, ne?

Und dann hab ich mir gesagt: Tja', ich äh: und wer keinen Beruf hatte, musste nachher, wenn er 18 war, zum Arbeitsdienst.' Und äh' da bin ich- hab mich freiwillig' äh zum äh: Arbeitsdienst gemeldet. Der dauerte en halbes Jahr. Und dann denk ich: Dann kannste nach nem halben Jahr Berufaus- äh anfangen.

Ja:', [((hustet))] ich wurde dann auch genommen und kam äh: nach Jesberg. Das is: 50 km von hier, ähm: im Kreis- war damals Fritzlar-Homberg, heute ist es' anders mit den Kreisen. Und: ähm. da war ich- äh als dann so ungefähr en halbes Jahr rum war, denk ich, jetzt ists zu Ende. „Nein, im SOMMER ham die Bauern ja viel länger Arbeit. Also, da müsst ihr sechs- äh sieben Monate im Arbeitsdienst bleiben."' Ja, dann war ich sieben Monate.' Und äh: zwischendurch im Mai war die: äh Bombardierung von der Edertalsperre, und da:- das war am 17. Mai.' Die Kollegen da, die ham: äh Luftminen äh auf die Edertalsperre und die Diemeltalsperre – alles in einer Nacht. (Da hatt) man 300 und 60 Tote und so und so viele Viecher äh-' ((schluchzt?)). Und da ham sie uns zum Katastropheneinsatz geschickt, einen Omnibus voll Arbeitsmaiden von Jesberg. Wurde auch nit jeder genommen, aber, och, ich war eben immer einsatzfähig, un: mich ham sie halt genommen.' Und da kam ma dann abends an,' alles ein Wasser. Und äh die Kühe mit aufgeblähten Bäuchen und de Beine in der Luft. Und da sind wa ausgestiegen, der Mond schien, und dann mussten wa-' konnten ja nit bis an Wasser, und mussten in den Fliegerhorst rein. Da: sollten wir stationiert werden. Da waren Kasernen. Die: äh Leute, die da drin waren, die waren alle' äh: weg nach dem Hochwasser. Und da hatten se uns in ersten Stock, da war es dann trocken. Da hatten se uns dann einquartiert.' (Und da) sind wa dann durch: äh' durch das Wasser und äh: sind da hin, ne? [Hmhm. Hmhm.] Ja, und da sollten wa drei Tage bleiben zum Aufräumen. Und aus den drei Tagen sind drei Wochen geworden', ne? (Und da) mussten wa äh erst äh Familien helfen, die da äh'- die Offiziere hatten vorne Quer:-Häuser, und da war ich bei nem Major und musste da helfen', und äh die Keller und alles war überflutet, und sogar äh: im Erdgeschoß hatten sie wunderbare Parkettböden, und=und alles war kaputt, ne, von dem Wasser. Na ja, und dann hab ich äh' denen da geholfen, und dann nachher da mussten wa äh' für- da war Junkers mit drin, die ham äh Flugzeuge gebaut, die JU 52.' Aber ...

I.: Wo war das ((unterbricht sie))?

P.: Fritzlar.

I.: In Fritzlar ham die die gebaut auch, dort w- war der Fliegerhorst [Äh I-.], oder?

P.: Im Fliegerhorst. Das war: en Feldflughafen' für unsere äh Flieger. Und: äh' war dann gleichzeitig', äh wurden da dann eben die JU 352 gebaut. Nit diese aus Blech. Damals hat ma kein Blech mehr in Deutschland. Die wurden da aus äh: äh: Sperrholz gemacht. Und nur ähm: verschiedene Sachen waren aus Wandal, das is so'n äh Stahl-Aluminium, ne? Und äh., na ja, und da mussten wa' den Schlamm in große äh Sieb, das waren äh Blechplatten äh, wo überall Löcher drin waren, und äh da ham wa die- äh: die Schrauben mussten gerettet werden, die da überall drin waren, ne? Und dann ham wa' die da rein und ham äh, äh was zum Spritzen gehabt und ham des so lange gespült, bis das sauber war, ne? Dann ham wa die Schrauben getrocknet. Naja., und später bin ich dann dahin äh, weil ich erst 17 Jahre alt war, als mein Arbeitsdienst rum war, ne? Und äh' i- ich war luftwaffentauglich, ham se gesagt ((lachend)). Und da sollte ich nach Warschau: oder nach Paris. Und dann hieß es aber, nee, also, äh: weil ich noch keine 18 war, durft ich nit ins Ausland, ne? [Hmhm.] Und da kam ich hier auf den Feldflugplatz

Fritzlar, wo ich praktisch schon mal im Einsatz gewesen war'. Und das war mir ja dann ganz sympathisch, ne? Da warn wa (hundertzwa-) 150 Kriegshilfsdienstmaiden, nannte man uns dann.

I.: „Kriegshilfs- Hilfsdienstmaiden", jaja, schöner Name [Kriegshil-, ja.] ((abfällig)).

P.: Das andere war der Arbeitsdienst, ne? (4) Äh, irgendwo hab ich (noch) was ((sucht in ihren Unterlagen)). (7) [Nicht hier? ((Dritte unbekannte Person, junge Frau?))] (2) Da, ja! (13) Muss (doch) irgendwo hier-. hm. (12) Das war mein Arbeitsdienstpass. Das Bild hab ich noch äh' im Führerschein [((Lacht)).]. Damals kriegten wir hier keine Fotos, zu d- es war ja alles zerstört, es war nix mehr da. Und da hatt ich für den Führerschein, den hab ich jetzt 53 Jahre, ne? Und äh: da hatt ich: äh: keine Bilder. Und da hab ich zwei von den Bildern hin – des hat noch nie jemand gesehen, dass da noch en Hakenkreuz drauf is ((lachend)) [((Lacht)).].

Interview geführt von Gerhard Herke-Bockschatz

8.12 Erinnerungen aus dem Leben

Der Comic kann als Einstieg für ein Unterrichtsgespräch über das Phänomen dienen, dass viele ältere Menschen sich mit Erinnerungsstücken umgeben und mehr und mehr in der Vergangenheit zu leben scheinen.

Katja Klengel, Als ich so alt war, Fortsetzungscomic in der Frankfurter Allgemeinen Zeitung ab Dezember 2012, Folge 39.

8.13 Wie Phrasen die Erinnerung blockieren können

Die Karikatur lebt von der Diskrepanz der häufig geäußerten Erinnerungsphrase „Das gab es damals/zu meiner Zeit nicht“ zu der sicherlich auch damals vorhandenen Sexualität. Es scheint so, als habe sich die Phrase verselbständigt und decke zu, was es gegeben haben muss. Oder führt vielleicht eine altersbedingte Relativierung der Sexualität zur Leugnung ihrer Bedeutung in früheren Jahren.

»Sexualität? Die gab es zu meiner Zeit doch gar nicht. Es gab ja fast überhaupt nichts, damals!«

Heribert Lenz, Titanic

9. Literatur- und Medienverzeichnis

9.1 Theorie und Praxis der Oral History

Abrams, Lynn: Oral History Theory, New York 2010.

Alheit, Peter/Fischer-Rosenthal, Wolfram/Hoerning, Erika M.: Biographieforschung. Eine Zwischenbilanz in der deutschen Soziologie, Bremen 1990.

Andrews, Gavin J. (u. a.): „Their finest Hour": Older People, Oral Histories, and the historical Geography of Social Life. In: Social & Cultural Geography 2 (2006), S. 153-179.

Armitage, Susan/Mercier, Laurie: Speaking History. Oral Histories of the American Past. 1865 – Present (Palgrave Studies in Oral History), New York 2009.

Assmann, Aleida: Die Last der Vergangenheit. In: Zeithistorische Forschung 3 (2007), S. 375-386.

Assmann, Jan: Das kulturelle Gedächtnis. 2. Aufl., München 1997.

Bauer Babett: Kontrolle und Repression. Individuelle Erfahrungen in der DDR (1971-1989). Historische Studie und methodologischer Beitrag zur Oral History, Göttingen 2006.

Bauer, Ingrid (Bearb.): Welcome Ami go home: die amerikanische Besatzung in Salzburg 1945-1955. Erinnerungen aus einem Oral-History-Projekt, Salzburg 1998.

Blee, Kathleen: Evidence, empathy and ethics. Lessons from oral histories of the Klan. In: Perk/Thomson 1998, S. 332-344.

Bode, Sabine: Die vergessene Generation. Die Kriegskinder brechen ihr Schweigen, 5. Aufl., Stuttgart 2004.

Bösch, Frank: Geschichte mit Gesicht. Zur Genese des Zeitzeugen in Holocaust-Dokumentationen seit den 1950er Jahren. In: Fischler, Thomas/Wirtz, Rainer (Hrsg.): Alles authentisch? Popularisierung der Geschichte im Fernsehen, Konstanz 2008, S. 51-72.

Bogner, Alexander (Hrsg.): Das Experteninterview. Theorie, Methode, Anwendung, Wiesbaden 2005.

Boll, Friedhelm: Lebensgeschichte und Zeitzeugenschaft von Verfolgten zweier Diktaturen. In: ders., Gedenkstättenarbeit, 1999, S. 11-18.

Botz, Gerhard (Hrsg.): Schweigen und Reden einer Generation. Erinnerungsgespräche mit Opfern, Tätern und Mitläufern des Nationalsozialismus, Wien 2005.

Botz, Gerhard/Amesberger, Helga/Halbmayr, Brigitte: 860 lebensgeschichtliche Interviews mit Mauthausen-Überlebenden: das „Mauthausen Survivors Documentation Project" (MSDP). In: Bios 2 (2003), S. 297-307.

Bourdieu, Pierre u. a.: Das Elend der Welt. Zeugnisse und Diagnosen alltäglichen Leidens an der Gesellschaft, Konstanz 1997.

Breckner, Roswitha: Von den Zeitzeugen zu den Biographen. In: Berliner Geschichtswerkstatt (Hrsg.): Alltagskultur, Subjektivität und Geschichte. Zur Theorie und Praxis der Alltagsgeschichte, Münster 1994, S. 199-222.

Brüggemeier, Franz-Josef/Wierling, Dorothee: Einführung in die Oral History (Studienbrief der Fernuniversität Hagen, 2 Bde., Hagen 1986.

Bude, Heinz: Deutsche Karrieren. Lebenskonstruktionen sozialer Aufsteiger aus der Flakhelfergeneration. Frankfurt/M. 1987.

Bude, Heinz: Das Altern einer Generation. Die Jahrgänge 1938 bis 1948, Frankfurt/M. 1997.

Bude Heinz: Generation Berlin, Berlin 2001.

Bude, Heinz: Rekonstruktion von Lebenskonstruktionen. Eine Antwort auf die Frage, was die Biographieforschung bringt. In: Kohli, Martin/Robert, Günther (Hrsg.): Biographie und soziale Wirklichkeit. Neue Beiträge und Forschungsperspektiven. Metzler, Stuttgart 1984, S. 7-28.

Chalandon, Sorj: Die Legende unserer Väter, München 2012 (franz. Originalausgabe *La Légende des nos pères*, 2009).

Conway, Martin/Rubin, David C.: The Structure of Autobiographical Memory. In: Collins, Alan F./Conwac, Martin A./Morris, Peter E. (Ed.): Theories of Memory, Hove 1993, S. 103-137.

Dejung, Christof: Oral History und kollektives Gedächtnis. Für eine sozialhistorische Erweiterung der Erinnerungsgeschichte. In: Geschichte und Gesellschaft 1 (2008), S. 96-118.

Ferreira, Marieta de Moraes: The International Oral History Association and the new Tendencies in the Field of Oral History. In: Bios Sonderheft (2007), S. 43-52.

Field, Sean: Oral History Methodology, 2007, (http://www.iohanet.org/resources/documents/Sean_Field_sephisoralhistoryinstructionpaper.pdf)

Franca, Roland: Blood of Spain. An Oral History of the Spanish Civil War, New York 1979.

Friebertshäuser, Barbara: Interviewtechniken – ein Überblick. In: Dies./Prengel, Annedore (Hrsg.): Handbuch qualitative Forschungsmethoden in der Erziehungswissenschaft, Weinheim und München 1997, S. 371-395.

Fried, Johannes: Erinnerung und Vergessen. In: Historische Zeitschrift, 273. Jg. (2001), S. 561-593.

Froidevaux, Alexandre: Erinnerungskultur „von unten" in Spanien. Eine Oral History-Untersuchung der „recuperación de la memoria histórica" in Valencia (2000-2005), Berlin 2007.

Fuchs, Werner: Biographische Forschung. Eine Einführung in Praxis und Methoden, Opladen 1984.

Gershenowitz, Deborah A.: Negotiating Voices: Biography and the Curious Triangle between Subject, Author, and Editor. In: The Oral History Review 32 (2005), S. 71-77.

Giesecke, Dana/Welzer, Harald: Das Menschenmögliche. Zur Renovierung der deutschen Erinnerung, Hamburg 2012.

Gläser, Jochen/Laudel, Grit: Experteninterviews und qualitative Inhaltsanalyse als Instrumente rekonstruierender Untersuchungen, Wiesbaden 2009.

Jack Goody/Ian Watt: Konsequenzen der Literalität. In: Jack Goody, Ian Watt, Kathleen Gough: Entstehung und Folgen der Schriftkultur, Frankfurt/M. 1986, S. 63-122.

Göpfert, Rebecca: Oral History – Über die Zusammensetzung individueller Erinnerung im Interview. In: Clemens Wischermann (Hrsg.): Die Legitimität der Erinnerung und die Geschichtswissenschaft, Stuttgart 1996, S. 101-111.

Grele, Ronald: Envelopes of Sound. The Art of Oral History. Chicago 1985.

Grele, Ronald: Stages in the Evolution of Oral History. In: Bios Sonderheft (2007), S. 30-36.

Halbwachs, Maurice: Das Gedächtnis und seine sozialen Bedingungen, Frankfurt/M. 1985 (erstmals erschienen 1925).

Halbwachs, Maurice: Das kollektive Gedächtnis. Frankfurt/M. 1985.

Hassoun, Jacques: Schmuggelpfade der Erinnerung. Muttersprache, Vaterwort und die Frage der kulturellen Überlieferung, Frankfurt/M. (u. a.) 2003.

Havelock, Eric Alfred: Als die Muse schreiben lernte. Eine Medientheorie, Berlin 2007.

Hegel, Georg Wilhelm Friedrich: Enzyklopädie der philosophischen Wissenschaften, Bd. 3, Stuttgart 1970.

Heinrich, Horst Alfred: Kollektive Erinnerungen der Deutschen. Theoretische Konzepte und empirische Befunde zum sozialen Gedächtnis, München 2002.

Hering, Katharina: „That Food of Memory which gives the Clue to profitable Research“: Oral History as a Source for local, regional, and family History in the nineteenth and early twentieth Century. In: The Oral History Review 34 (2007), S. 27-49.

Hillringhaus, Kerstin: „Wir verändern die Welt!“ Die Kinderladenbewegung in Darmstadt nach 1968. Eine kritische Analyse auf der Basis von Zeitzeugenbefragungen, Darmstadt 2012.

Hobi, Victor: Kurze Einführung in die Grundlagen der Gedächtnispsychologie. In: Ungern-Sternberg, Jürgen von/Reinau, Hansjörg (Hrsg.): Vergangenheit in mündlicher Überlieferung, Stuttgart 1988, S. 9-33.

Hockerts, Hans Günter: Zugänge zur Zeitgeschichte. Primärerfahrung, Erinnerungskultur, Geschichtswissenschaft. In: Aus Politik und Zeitgeschichte 28 (2001), S. 15-30.

Hoffmann, Hilde: Der Zeitzeuge als Fernsehfigur. Zeitzeugeneinsatz in Dokumentationen zum 40. Jahrestag des Mauerbaus. In: Jahrbuch für Pädagogik 2003, Frankfurt/M. 2003, S. 207-221.

Hofscheu, Heinz-Gerd/Schwend, Almut (Hrsg.): Zeitzeugen berichten: Die Bremer Arbeiterbewegung in den fünfziger Jahren, Marburg 1989.

Jarausch, Konrad H./Sabrow, Martin (Hrsg.): Verletztes Gedächtnis. Erinnerungskultur und Zeitgeschichte im Konflikt, Frankfurt/M. 2002.

Johnsen, Hartmut (Hrsg.): Der Startbahn-West-Konflikt: Ein politisches Lehrstück? Zeitzeugen ziehen Zwischenbilanz, Frankfurt/M. 1996.

Johnson, Eric A./Reuband, Karl-Heinz: What we knew. Terror, Mass Murder, and Everyday Life in Nazi Germany. An Oral History, Cambridge 2005.

Jones, Rebecca: „Blended Voices“: Crafting a Narrative from Oral History Interviews. In: The Oral History Review 31 (2004), S. 23-43.

Jureit, Ulrike/Wildt, Michael (Hrsg.): Generationen. Zur Relevanz eines wissenschaftlichen Grundbegriffs, Hamburg 2005.

Jureit, Ulrike: Generationenforschung, Göttingen 2006.

Jureit, Ulrike: Erinnerungsmuster. Zur Methodik lebensgeschichtlicher Interviews mit Überlebenden der Konzentrations- und Vernichtungslager, Hamburg 1999.

Kabus, Sylvia: Wir waren die Letzten ..., Gespräche mit vertriebenen Leipziger Juden, Beucha 2003.

Keilbach, Judith: Geschichtsbilder und Zeitzeugen. Zur Darstellung des Nationalsozialismus im bundesdeutschen Fernsehen. (Medien' Welten. Braunschweiger Schriften zur Medienkultur, Bd. 8) 2. Aufl., Münster 2010

Keilbach, Judith: Zeugen, deutsche Opfer und traumatisierte Täter – Zur Inszenierung von Zeitzeugen in bundesdeutschen Fernsehdokumentationen über den Nationalsozialismus. In: Tel Aviver Jahrbuch für Deutsche Geschichte 31 (2003), S. 287-307.

Kinter, Jürgen/Manfred Koek/Dieter Thiele: Spuren suchen. Leitfaden zur Erkundung der eigenen Geschichte, Hamburg 1985.

Kluge, Ulrich: Erinnerungsarbeit – für sich und andere. Das Projekt „Zeitzeugenbörse Hamburg“. In: Zeitschrift für politische Psychologie, 9 (2002), S. 171-177.

Kock, Lisa: „Man war bestätigt und man konnte was!“ Der Bund Deutscher Mädchen im Spiegel der Erinnerungen ehemaliger Mädelführerinnen, Diss., Münster 1994.

Kohli, Martin: „Offenes“ und „geschlossenes“ Interview: Neue Argumente zu einer alten Kontroverse. In: Soziale Welt 29 (1978), S. 1-25.

Kohli, Martin: Wie es zur „biographischen Methode“ kam und was daraus geworden ist. Ein Kapitel aus der Geschichte der Sozialforschung. In: Zeitschrift für Soziologie 10 (1981), S. 273-293.

Koselleck, Reinhart: Standortbindung und Zeitlichkeit. Ein Beitrag zur historiographischen Erschließung der geschichtlichen Welt (zuerst 1977). In: Ders.: Vergangene Zukunft. Zur Semantik geschichtlicher Zeiten, 4. Aufl., Frankfurt/M. 2000, S. 176-207.

Koselleck, Reinhart: Gebrochene Erinnerung? Deutsche und polnische Vergangenheit. In: Deutsche Akademie für Sprache und Dichtung, Jahrbuch 2000, Göttingen 2001, S. 19-32.

Kraft, Andreas/Weißhaupt, Mark (Hrsg.): Generationen: Erfahrung – Erzählung – Identität (Historische Kulturwissenschaften 14). Konstanz 2009.

Kühn, Barbara/Joachim Syska: Oral History praktisch, Mülheim 1986.

Kühne, Hans-Jörg: Augenzeugenberichte: Der Großangriff auf Bielefeld am 30. September 1944. In: Jahresbericht des Historischen Vereins für die Grafschaft Ravensberg 89 (2004), S. 449-467.

Kühne, Hans-Jörg: Augenzeugenberichte: Flüchtlinge und Vertriebene in Ostwestfalen-Lippe. In: Ravensberger Blätter 1 (2005), S. 40-61.

Kunz, Barbara: Von der Rebellion zur Emanzipation. Zürcher 68erinnen erinnern sich. In: Schweizerische Zeitschrift für Geschichte, Basel 2007, S. 272-296.

Kurkowska-Budzan, Marta (Ed.): Oral history, the challenges of dialogue, (Studies in narrative; 10) Amsterdam (u. a.) 2009.

Kvale, Steinar/Brinkmann, Svend: Interviews. Learning the craft of qualitative research interviewing, Los Angeles (u. a.) 2009.

Lamnek, Siegfried: Qualitative Sozialforschung. Bd. 1: Methodologie, München 1988. Bd. 2: Methoden und Techniken, München 1989.

Leh, Almut/Niethammer, Lutz (Hrsg.): Kritische Erfahrungsgeschichte und grenzüberschreitende Zusammenarbeit. The Networks of Oral History. Festschrift für Alexander von Plato. In: Bios Sonderheft (2007).

Leh, Almut: Robert R. lebt oder: Was Oral History immer noch leistet. In: Bios Sonderheft (2007), S. 180-187.

Leh, Almut: Zeitzeugen online: Archive und andere Web-Angebote. In: Bios 22 (2009), S. 268-282.

Leh, Almut/Schlesinger, Henriette: Ein Denkmal für die Verfolgten. Sammlung von Lebensgeschichten ehemaliger Sklaven- und Zwangsarbeiter. In: Bios 20 (2007), S. 138-153.

Lehmann, Albrecht: Erzählstruktur und Lebenslauf. Autobiographische Untersuchungen, Frankfurt/M./New York 1983.

Leo, Anette/Maubach, Franziska (Hrsg.): Den Unterdrückten eine Stimme geben? Die International Oral History Association zwischen politischer Bewegung und wissenschaftlichem Netzwerk. Mit einem Nachwort von Lutz Niethammer, Göttingen 2013.

Lewin, Rhoda G. (Hrsg.): Witnesses to the Holocaust. An oral history, Boston 1990.

Lichtblau, Albert: Wie verändert sich mündliche Geschichte, wenn wir auch sehen, was wir hören? Überlegungen zur audiovisuellen Geschichte. In: Bios Sonderheft (2007), S. 66-75.

Lindenberger, Thomas: Vergangenes Hören und Sehen. Zeitgeschichte und ihre Herausforderung durch die audiovisuellen Medien. In: Zeithistorische Forschungen 1 (2004), S. 78 f., (http://www.zeithistorische-forschungen.de/site/40208148/default.aspx).

Lindquist, Sven: Grabe, wo du stehst. Handbuch zur Erforschung der eigenen Geschichte, Bonn 1989.

Mannheim, Karl: Das Problem der Generationen. In: Kölner Vierteljahreshefte für Soziologie, 7 (1928), S. 157-185 und 309-330. (siehe auch ders.: Wissenssoziologie. Auswahl aus dem Werk. Neuwied/Berlin 1964, S. 509-565).

Markowitsch, Hans-Joachim: Die Erinnerung von Zeitzeugen aus der Sicht der Gedächtnisforschung. In: Bios 1 (2000), S. 30-50.

Markowitsch, Hans-Joachim: Dem Gedächtnis auf der Spur. Vom Erinnern und Vergessen. Darmstadt 2002.

Meggle-Freund, Margarete: Zwischen Altbau und Platte. Erfahrungsgeschichte(n) vom Wohnen. Alltagskonstruktion in der Spätzeit der DDR, am Beispiel der

Sächsischen Kleinstadt Reichenbach im Vogtland (Elektronische Ressource/Dissertation Universität Jena), Jena 2004.

Meynert, Joachim/Mitschke, Gudrun: Die letzten Augenzeugen zu hören. Interviews mit antisemitisch Verfolgten aus Ostwestfalen, Bielefeld 1998.

Moller, Sabine: Erinnerung und Gedächtnis, Version1,0. In: Docupedia-Zeitgeschichte, 12.4.2010, http://docupedia.de/zg/Erinnerung_und_Ged.C3.A4chtnis?oldid=75510

Neun, Oliver: Zur Kritik am Generationenbegriff von Karl Mannheim. In: Kraft/Weißhaupt 2009, S. 217-242.

Narkunas, Martha: Teaching to Listen. Listening Excercises and Self-Reflexive Journals. In: Oral History Review 38 (2011), S. 63-108

Niethammer, Lutz: Oral History in USA. Zur Entwicklung und Problematik diachroner Befragungen. In: Archiv für Sozialgeschichte 18 (1978), S. 475-501.

Niethammer, Lutz (Hrsg.): Lebenserfahrung und kollektives Gedächtnis. Die Praxis der Oral History, Frankfurt/M. 1980.

Niethammer, Lutz (Hrsg.): „Die Jahre weiß man nicht, wo man die heute hinsetzen soll." Faschismuserfahrungen im Ruhrgebiet (Lebensgeschichte und Sozialkultur im Ruhrgebiet 1930 bis 1960, Bd. 1), Berlin Bonn 1983.

Niethammer, Lutz (Hrsg.): „Hinterher merkt man, daß es richtig war, daß es schiefgegangen ist." Nachkriegserfahrungen im Ruhrgebiet (Lebensgeschichte und Sozialkultur im Ruhrgebiet 1930 bis 1960, Bd. 2), Berlin Bonn 1983.

Niethammer, Lutz/Plato, Alexander v. (Hrsg.): „Wir kriegen jetzt andere Zeiten". Auf der Suche nach der Erfahrung des Volkes in nachfaschistischen Ländern (Lebensgeschichte und Sozialkultur im Ruhrgebiet 1930 bis 1960, Bd. 3), Bonn/Berlin 1985.

Niethammer, Lutz/Plato, Alexander v./Wierling, Dorothee: Die volkseigene Erfahrung. Eine Archäologie des Lebens in der Industrieprovinz der DDR. 30 biographische Eröffnungen, Berlin 1991.

Niethammer, Lutz: Buchenwald und NKWD-Lager. Der Zeithistoriker im Konflikt mit Zeitzeugen. In: Zeitschrift für Geschichtswissenschaft, 12 (2006), Berlin 2006, S. 1039-1054.

Niethammer, Lutz: Was unterscheidet Oral History von anderen interviewgestützten sozialwissenschaftlichen Erhebungs- und Interpretationsverfahren. In: Bios Sonderheft (2007), S. 60-66.

Nohl, Arnd-Michael: Interview und dokumentarische Methode. Anleitung für die Forschungspraxis (Elektronische Ressource, Qualitative Sozialforschung; 16), Wiesbaden 2009.

Nora, Pierre: Les lieux de memoire, 3 vols., Paris 1997.

Norrick, Neal R.: Talking about Remembering and Forgetfulness in Oral History Interviews. In: The Oral History Review, vol. 32 (2005), S. 1-21.

Obertreis, Julia/Stephan, Anke (Hrsg.): Oral History und (post)sozialistische Gesellschaften Essen 2009.

Osburg, Wolf-Rüdiger: Hineingeworfen. Der Erste Weltkrieg in den Erinnerungen seiner Teilnehmer, Berlin 2009.

Paul, Christa/Sommer, Robert: SS-Bordelle und Oral History. Problematische Quellen und die Existenz von Bordellen für die SS in Konzentrationslagern. In: Bios 1 (2006), S. 124-143.

Perks, R./Thomson, Alistair (Ed.): The Oral History Reader, London and New York 1998.

Plaßwilm, Regine: Grenzen des Erzählbaren. Erinnerungsdiskurse von NS-Zwangsarbeiterinnen und Zwangsarbeitern in Ost- und Westeuropa (Diss. Uni Düsseldorf 2009). Essen 2011).

Plato, Alexander von: Wer schoß auf Robert R.?, oder: Was kann Oral History leisten? In: Hannes Heer, Volker Ulrich (Hrsg.): Geschichte entdecken. Erfahrungen und Projekte der neuen Geschichtsbewegung, Reinbek 1985, S. 266-280.

Plato, Alexander von: Oral History als Erfahrungswissenschaft. Zum Stand der „mündlichen Geschichte" in Deutschland. In: Bios 1 (1991), S. 97-119.

Plato, Alexander von/Wolfgang Meinicke: Alte Heimat – neue Zeit. Flüchtlinge, Umgesiedelte, Vertriebene in der Sowjetischen Besatzungszone und in der DDR, Berlin 1991.

Plato, Alexander von/Almut Leh: „Ein unglaublicher Frühling" Erfahrene Geschichte im Nachkriegsdeutschland, 1945-1948, Bonn 1997.

Plato, Alexander von: Zeitzeugen und die historische Zunft. Erinnerung, kommunikative Tradierung und kollektives Gedächtnis in der qualitativen Geschichtswissenschaft – ein Problemaufriss. In: Bios 1 (2000), S. 5-29.

Plato, Alexander von: Lebensgeschichte und Geschichte. Ein Beispiel aus der Opferkonkurrenz des Kalten Krieges. In: Kursbuch, 148 (2002), S. 149-163.

Plato, Alexander von: Geschichte und Psychologie – Oral History und Psychoanalyse. Problemaufriss und Literaturüberblick. In: Historical Social Research, Köln 2004, S. 79-120.

Plato, Alexander von: „Es war moderne Sklaverei." Erste Ergebnisse des lebensgeschichtlichen Dokumentationsprojekts zur Sklaven- und Zwangsarbeit. In: Bios 2 (2007), S. 251-291.

Plato, Alexander von: Medialität und Erinnerung. Darstellung und „Verwendung" von Zeitzeugen in Ton, Bild und Film. In: Bios 1 (2008), S. 79-93.

Plato, Alexander von: Geschichte ohne Zeitzeugen? Einige Fragen zur „Erfahrung" im Übergang von Zeitgeschichte zu Geschichte. In: Jahrbuch zur Geschichte und Wirkung des Holocaust 2007, S. 141-156.

Plato, Alexander von: Oral History und Biografie-Forschung als „Verhaltens- und Erfahrungsgeschichte": Eine wissenschaftsgeschichtliche Skizze. In: Mitteilungsblatt des Instituts für soziale Bewegungen 25 (2011), S. 37-49.

Plato, Alexander von; Leh, Almut; Thonfeld, Christoph (Hrsg.): Hitlers Sklaven. Lebensgeschichtliche Analysen zur Zwangsarbeit im internationalen Vergleich, Wien 2008.

Portelli, Alessandro: Oral History as a Genre. In: Mary Chamberlain, Paul Thompson (Ed.): Narrative and Genre, London and New York 1998, S. 23-45.

Read, Peter: The Truth which will set us all Free: National Reconciliation, Oral History and the Conspiracy of Silence. In: Oral History, Spring 2007, S. 98-107.

Retzlaff, Birgit/Lechner, Jörg-Johannes: Bund Deutscher Mädel in der Hitlerjugend, Fakultative Eintrittsgründe von Mädchen und jungen Frauen in den BDM. (Schriftenreihe Studien zur Zeitgeschichte; 66) Hamburg 2008.

Ritchie, Donald A.: Doing Oral History. A Practical Guide. 2nd Ed., New York 2003.

Ritchie, Donald A. (Ed.): The Oxford Handbook of Oral History, Oxford 2010.

Roberts, Elisabeth: A woman's place. An Oral History of Working-Class Women, 1890-1940, Oxford 1995.

Roberts, Elisabeth: Women and Families. An Oral History, 1940-1970, Oxford 1995.

Rogers, Carl C.: Die nicht direktive-Beratung, 13. Aufl., Frankfurt/M. 2013.

Rosenthal, Gabriele: Die erzählte Lebensgeschichte als historisch-soziale Realität. In: Berliner Geschichtswerkstatt (Hrsg.): Alltagskultur, Subjektivität und Geschichte. Zur Theorie und Praxis der Alltagsgeschichte, Münster 1994, S. 125-138.

Sabrow, Martin: Die Lust an der Vergangenheit. Kommentar zu Aleida Asmann. In: Zeithistorische Forschung, 3 (2007), S. 386-393.

Sabrow, Martin; Frei, Norbert (Hrsg.): Die Geburt des Zeitzeugen nach 1945. Göttingen 2012.

Schneider, Wolfgang; Büttner, Gerhard: Entwicklung des Gedächtnisses. In: Oerter, Rolf; Montada, Leo (Hrsg.): Entwicklungspsychologie. Ein Lehrbuch. 4. Aufl., Weinheim 1998, S. 654-704.

Schieder, Theodor (Hrsg.): Dokumentation der Vertreibung der Deutschen aus Ost-Mitteleuropa, 13 Bde., 1954-1963.

Schütze, Fritz: Biographieforschung und narratives Interview. In: Neue Praxis 13 (1983), S. 283-293.

Sieder, Reinhard: Geschichten erzählen und Wissenschaft treiben. In: Botz, Gerhard/Weidenholzer, Josef (Hrsg.): Mündliche Geschichte und Arbeiterbewegung, Wien 1984, S. 203-231.

Singer, Wolf: Wahrnehmen, Erinnern, Vergessen. Über Nutzen und Vorteil der Hirnforschung für den Umgang mit Geschichte. In: Pastoraltheologie, Jg. 99 (2010), S. 330-342.

Schlinkert, Dirk: Der Zeitzeuge. Eine Spurensuche im Übergang zum kulturellen Gedächtnis. In: Die Zukunft der Erinnerung. Eine Wolfsburger Tagung, Wolfsburg 2008, S. 47-60.

Spitta, Juliane/Rathenow, Hans-Fred/Rigendinger, Rosa: Trauma und Erinnerung, Oral History nach Auschwitz, (Reihe Geschichtswissenschaft; 55) Kenzingen 2009.

Steinbach, Lothar: Bewußtseinsgeschichte und Geschichtsbewußtsein. Reflexionen über das Verhältnis von autobiographischer Geschichtserfahrung und Oral History. In: Bios 1 (1995), S. 89-106.

Steinbach, Lothar: Der Einzelne und das Allgemeine. Überlegungen zu unserem Umgang mit der Geschichte aus historistischer und sozialpsychologischer Sicht. In:

Dagmar Klose und Uwe Uffelmann (Hrsg.): Vergangenheit, Geschichte, Psyche, Idstein 1993, S. 35-57.

Steinbach, Lothar: Ein Volk, ein Reich, ein Glaube? Ehemalige Nationalsozialisten und Zeitzeugen berichten über ihr Leben im Dritten Reich, Berlin und Bonn 1983.

Steinbach, Lothar: Sozialgeschichte, Arbeitergeschichte, erinnerte Geschichte. Anmerkungen zu Erträgen der neueren Oral-History-Forschungen in der deutschsprachigen Historiographie. In: Archiv für Sozialgeschichte, Bd. 28 (1988), S. 541-600.

Stremmel, Ralf: Zeitgeschichte im Fernsehen. Die preisgekrönte Dokumentation „Das Schweigen der Quandts“ als fragwürdiges Paradigma. In: Vierteljahreshefte für Zeitgeschichte, 58. Jg. (2010), S. 455-481.

Teipel, Jürgen: Verschwende Deine Jugend. Ein Doku-Roman über den deutschen Punk und New Wave, Frankfurt/M. 2001.

Terkel, Stud: Der große Krach. Die Geschichte der amerikanischen Depression, Frankfurt/M. 1972.

Thompson, Paul: The Voice of the Past – Oral History, Oxford 1978.

Thomson, Alistair: Four Paradigm Transformations in Oral History. In: The Oral History Review, 34 (2007), 1, S. 49-71 (Dt.: Eine Reise durch das Gedächtnis unserer Bewegung. Vier paradigmatische Revolutionen in der Oral History. In: Bios Sonderheft (2007), S. 21-29.

Überegger, Oswald (Hrsg.): Heimatfronten, Dokumente zur Erfahrungsgeschichte der Tiroler Kriegsgesellschaften im Ersten Weltkrieg, Innsbruck 2006.

Ungern- Sternberg, Jürgen (Hrsg.): Vergangenheit in mündlicher Überlieferung, Stuttgart 1988.

Vansina, Jan: De la Tradition Orale. Essai de Methode Historique, Tervuren (Belgien) 1961. Translated as: Oral Tradition: A Study in Historical Methodology, Chicago 1965.

Vester, Frederic: Denken, Lernen, Vergessen. 24. Aufl., München 1995.

Vorländer, Herwart (Hrsg.): Oral History. Mündlich erfragte Geschichte, Göttingen 1990.

Welzer, Harald: Das Interview als Artefakt. Zur Kritik der Zeitzeugenforschung. In: Bios 1 (2000), S. 51-63.

Welzer, Harald: Das soziale Gedächtnis. Geschichte, Erinnerung, Tradierung. Hamburg 2001.

Welzer, Harald: Das kommunikative Gedächtnis. Eine Theorie der Erinnerung, München 2002.

Wemheuer, Felix: Steinnudeln: Ländliche Erinnerungen und staatliche Vergangenheitsbewältigung der „Große Sprung“-Hungersnot in der chinesischen Provinz Henan, Frankfurt/M. 2007.

Wierling, Dorothee: Mädchen für alles: Arbeitsalltag und Lebensgeschichte städtischer Dienstmädchen um die Jahrhundertwende, Berlin 1987.

Wierling, Dorothee: Zeitgeschichte ohne Zeitzeugen. Vom kommunikativen zum kulturellen Gedächtnis – Drei Geschichten und zwölf Thesen. In: Bios 1 (2008), S. 28-37.

Wierling, Dorothee: Oral History. In: Maurer, Michael (Hrsg.): Neue Themen und Methoden der Geschichtswissenschaft (Aufriss der historischen Wissenschaften, Bd. 7), Stuttgart 2003, S. 81-151.

Wierling, Dorothee: Geboren im Jahr Eins. Der Jahrgang 1949 in der DDR. Versuch einer Kollektivbiographie, Berlin 2002.

Zimmermann, Michael: Erfahrungsgeschichte und nationalsozialistische Zigeunerverfolgung. In: Bios Sonderheft (2007), S. 97-106.

Yow, Valerie Raleigh: Recording Oral History. A Guide for the Humanities and Social Sciences, 2. Aufl., 2005.

9.2 Zeitzeugenbefragungen in der fachdidaktischen Reflexion und im Unterricht

Abenhausen, Sigrid u. a. (Hrsg.): Zeugen der Shoah. Die didaktische und wissenschaftliche Arbeit mit Video-Interviews des USC Shoah Foundation Institute, Berlin 2012.

Agena, Meint: „Habe unter tausend kaum einen Helden entdecken können". Dominik Richerts Erlebnisbericht über den Ersten Weltkrieg. In: Geschichte lernen, 108 (2005), S. 27-33.

Barricelli, Michele: Per Video zugeschaltet. Periphere Gedanken zum Potenzial des Visual History Archive der Shoah Foundation im Geschichtsunterricht. In: Martin, Judith; Hamann, Christoph (Hrsg.): Geschichte Friedensgeschichte Lebensgeschichte. Festschrift für Peter Schulz-Hageleit, Herbolzheim 2007, S. 234-252.

Barricelli, Michele: Das Visual History Archive des Shoah Foundation Institute als geschichtskulturelle Objektivation und seine Verwendung im Geschichtsunterricht – ein Problemaufriss. In: Pandel, Hans-Jürgen/Oswalt, Vadim (Hrsg.): Geschichtskultur. Die Anwesenheit von Vergangenheit in der Gegenwart, Schwalbach/Ts. 2009, S. 198-211.

Barricelli, Michele/Brauer, Juliane; Wein, Dorothee: Zeugen der Shoah: Historisches Lernen mit lebensgeschichtlichen Videointerviews. Das Visual History Archive des Shoa Foundation Institute in der schulischen Bildung. In: Medaon. Magazin für jüdisches Leben in Forschung und Bildung. 11 (2009) (www.medaon.de).

Barricelli, Michele: Das Visual History Archiv aus geschichtsdidaktischer Sicht. In: Abenhausen 2012, S. 44-47.

Becker, Wiebke: Lebendige Geschichte. Reflexion einer Unterrichtseinheit mit Zeitzeugenbefragung zu Flucht und Vertreibung. In: Studien zur Internationalen Schulbuchforschung, Hannover 2008, S. 147-163.

Berner, Hans/Zimmermann, Thomas: Bildungsorientierter Projektunterricht. Oral History – Geschichten und Geschichte aus erster Hand. In: dies.: Unvergessliche Lehr-Lern-Arrangements. Theoretisch geklärt – praktisch umgesetzt, Zürich 2005, S. 155-175.

Bertram, Christiane: Wirksamkeit von Zeitzeugenbefragungen im Geschichtsunterricht. Ein Beitrag zur empirischen Geschichtsdidaktik. In: geschichte für heute 5 (2012), S. 21-33

Bickel, Wolfgang: Familiengeschichte(n). Spuren der großen Geschichte in der kleinen Welt – ein Werkstattbericht. In: Praxis Geschichte, 5 (1994), S. 34-39.

Bindseil, Ilse: Was bewirkt der Zeitzeugenbesuch in der Schule? In: Ästhetik und Kommunikation, 143 (2008), S. 51-55.

Boll, Friedhelm/Kaminsky, Annette (Hrsg.): Gedenkstättenarbeit und Oral History: Lebensgeschichtliche Beiträge zur Verfolgung in zwei Diktaturen, Berlin 1999.

Borries, Bodo von: ‚Forschendes historisches Lernen' ist mehr als ‚Geschichtswettbewerb des Bundespräsidenten': Rückblick und Ausblick. In: Heuer, Christian; Pflüger, Christine (Hrsg.): Geschichte und ihre Didaktik. Ein weites Feld ... Unterricht, Wissenschaft, Alltagswelt, Schwalbach/Ts. 2009, S. 130-148.

Bösch, Frank: Historikerersatz oder Quelle? Der Zeitzeuge im Fernsehen. In: Geschichte lernen, 76 (2000), S. 62-65.

Brown, Cyntia Stokes: Like it was. A Complete Guide to Writing Oral History, New York 1988.

Crothers, A. Glenn: ‚Bringing History to Life.' Oral History, Community Research, and Multiple Levels of Learning. In: Journal of American History, 88 (2002), 1446-51.

Dean, Pamela/Dispat, Toby/Munro, Petra: An Oral History Manual for Secondary School Teachers, Baton Rouge (Lousiana) 1998.

Dehne, Brigitte: Zeitzeugenbefragung im Unterricht. In: Geschichte in Wissenschaft und Unterricht, 54 (2003), S. 440-451.

Dittmer, Lothar/Siegfried, Detlef (Hrsg.): Spurensucher. Ein Praxisbuch für historische Projektarbeit, Weinheim, Basel 1997.

Dunn, Joe P.: Using First-Person Sources to teach the Vietnam War. In: Teaching History, vol. 28 (2003), S. 29-37.

Ecker, Alois: „Forschendes Lernen". Zur Didaktik der „Oral History" in Schule und Erwachsenenbildung. In: Ehalt, Hubert Ch. (Hrsg.): Geschichte von unten. Fragestellungen, Methoden und Projekte einer Geschichte des Alltags, Wien u. a. 1984, S. 305-338.

Erbar, Ralph/Ostendorf, Werner: Zeugen der Zeit. Anregungen für Zeitzeugengespräche in Unterricht und Jugendarbeit. Bad Kreuznach 2006.

Erbar, Ralph: Zeugen der Zeit? Zeitzeugengespräche in Wissenschaft und Unterricht. In: geschichte für heute, 5 (2012), S. 5-20.

Fenn, Monika: Zur eigenen Vergangenheit und zur Schulzeit der Großeltern „Forschen". Historisches Methodenlernen mit schriftlichen Quellen. In: Sache, Wort, Zahl. Sachunterricht und Mathematik in der Primarstufe 69 (2005), S. 7-12.

Fieberg, Klaus: Der besondere Web-Tipp: Lebensgeschichte im Netz. In: Praxis Geschichte 4 (2006), S. 61.

Fonsino, Frank J.: Criteria for Evaluating Oral History Interviews. In: The History Teacher 2 (1980), 239-242.

Gardner, P.: Oral History in Education: Teacher's Memory and Teachers' History. In: History of Education, vol. 32 (2003), S. 175-189.

Gebhardt, Joachim/Hammer, Wolfgang: LebensWENDEn. „Es war nicht alles schlecht!“ – „Es war nicht alles gut!“ In: Praxis Geschichte, 5 (2009), S. 32-37.

Geppert, Alexander C. T.: Forschungstechnik oder historische Disziplin? Methodische Probleme der Oral History. In: GWU, Jg. 50 (1995), S. 303-323.

Harenbrock, Gerburg: „Das Thema interessierte mich sofort!“. Kinder und Jugendliche erforschen Migrationsgeschichte(n). In: Praxis Geschichte 4 (2003), S. 25-28.

Heinritz, Charlotte: Schüleraufsätze als Quelle für Oral History und Erfahrungsgeschichte? Aus dem Roeßler-Archiv im Institut für Geschichte und Biographie. In: Bios Sonderheft (2007), S. 82-89.

Heitzer, Horst W.: Oral History. In: Schreiber Waltraud (Hrsg.): Erste Begegnung mit Geschichte. Grundlagen historischen Lernens, Bd. 1, 2. Aufl., Neuried 2004, S. 509-528.

Henke-Bockschatz, Gerhard: Frage- und Dokumentationstechnik. In: Geschichte lernen 76 (2000), S. 32/33.

Henke-Bockschatz, Gerhard: Oral History im GeschichtsunVericht. In: Geschichte lernen 76 (2000), S. 18-24.

Henke-Bockschatz, Gerhard: Zeitzeugenbefragung. In: Mayer, Ulrich/ Pandel, Hans-Jürgen/Schneider, Gerhard (Hrsg.): Handbuch Methoden im Geschichtsunterricht, 2. Aufl., Schwalbach/Ts. 2007, S. 354-369.

Herbert, Ulrich: Oral History im Unterricht. In: Geschichtsdidaktik 9 (1984), S. 211-219.

Herbert, Ulrich: Oral History. In: Pandel, Hans-Jürgen/Schneider, Gerhard (Hrsg.): Medien im Geschichtsunterricht. 2. Aufl., Düsseldorf 1986, S. 333-345.

Heuer, Christian: „... authentischer als alle vorherigen“: Zum Umgang mit Ego-Dokumenten in der populären Geschichtskultur. In: Pirker, Eva-Ulrike/Rüdiger, Mark u. a. (Hrsg.): Echte Geschichte. Authentizitätsfiktionen in populären Geschichtskulturen, Bielefeld 2010, S. 75-91.

Hoffmann, Hilde: Der Zeitzeuge als Fernsehfigur. Zeitzeugeneinsatz in Dokumentationen zum 40. Jahrestag des Mauerbaus. In: Jahrbuch für Pädagogik 2003, S. 207-220.

Holl, Waltraud: Alte Menschen erzählen Kindern. Erfahrungen in Grundschulprojekten mit historischer Thematik. In: GWU 9 (1987), S. 541-552.

Horst, Uwe: Die Entwicklung eines Interviewleitfadens. Das Projekt „Jugend und Nachkriegszeit“. In: Geschichte lernen 76 (2000), S. 38-43.

Hudson, Larry E. jr./Santora, Ellen Durrigan: Oral History: An inclusive Highway to the Past. In: The History Teacher, vol. 36 (2003), S. 206-221.

Imhof, Werner: Lernen durch begegnen. Deutsch-Tschechische Lerneffekte in einem bundesweiten Zeitzeugenprojekt. In: Studien zur internationalen Schulbuchforschung, Hannover 2006, S. 123-129.

Janowitz, Axel: Von Einsichten und Erinnerungen. Überlegungen zum Wechselverhältnis von Einsicht in die Stasi-Akten und Erinnerungsrekonstruktion. In: geschichte für heute 5 (2012), S. 34-42.

Jauer, Thomas: „... das Schlimmste waren da immer die vielen, die noch weg waren ..." Oral History als Video-Projekt mit einer 10. Klasse. In: GWU 46 (1995), S. 154-166.

Jessen, Jürgen (Hrsg. im Auftrag der Geschichtswerkstatt Hessisch-Lichtenau): Wie es war ... Zeitzeugen des Holocaust in Schule und Öffentlichkeit, Witzenhausen 1995.

Kaminsky, Uwe: Oral History. In: Pandel, Hans-Jürgen/Schneider, Gerhard (Hrsg.): Medien im Geschichtsunterricht, Schwalbach/Ts. 1999, S. 451-468.

Kann, Hartmut: „So werden Bilder Wirklichkeit". Ein Auschwitz-Überlebender berichtet über den Holocaust. In: Geschichte lernen 76 (2000), S. 50-56.

Kennedy, Rosanne: The Affective Work of Stolen Generations Testimony: From the Archives to the Classroom. In: Biography, vol. 27 (2004), Number 1, S. 48-78.

Kerrigan, William: Collecting Stories about Strip-Mining: Using Oral History in the Classroom. In: Teaching History, vol. 28 (2003), S. 22-29.

Koerber, Rolf: Wie man Zeitzeugen auswählt und mit ihnen umgeht. In: Geschichte lernen 76 (2000), S. 25-28.

Lange, Dirk: Methoden der Gesprächsführung. Interaktions- und Kommunikationsübungen. In: Geschichte lernen 76 (2000), S. 29-31.

Lange, Dirk: Woher kommst du? Migration und Lebensgeschichte. In: Praxis Geschichte 5 (2002), S. 14-15.

Lanman, Barry A./Mehaffy, George L.: Oral History in the Secondary School Classroom, Los Angeles 1988.

Long, Robert: The Personal Dimension in Doing Oral History. In: The History Teacher, Vol. 24 (1991), S. 307-312.

Lühe, Barbara von der: Das Wissen sichern ohne „Histotainment". Ein medienpädagogisches Projekt, 2002.

Lyons, John F.: Integrating the Family and the Community into the History Classroom: An Oral History Project in Joliet, Illinois. In: The History Teacher, vol. 40 (2007), S. 481-493.

McLellan, Marjorie L.: Case Studies in Oral History and Community Learning. In: Oral History Review 25 (Fall 1998), S. 81-112.

Mebus, Sylvia: Anregungen zur Arbeit mit Zeitzeugen für die Hand von Lehrern und Schülern. In: Schreiber 2009, S. 63-71.

Metaversa e.V.: Zeitzeugengeschichte.de. Ein Leitfaden zur Durchführung von Interviews mit Zeitzeugen. 2. Aufl., 2007 (http://zeitzeugengeschichte.de/pdf/EG-Leitfaden.pdf).

Meyer, Tracy E. K.: ‚It's not Just Common Sense.' A Blueprint for Teaching Oral History. In: Oral History Review 25 (Fall 1998), 35-56.

Mögenburg, Harm: „haben Sie die Tommies nach dem Krieg erlebt?" Gespräche analysieren und Zeitzeugen verstehen. In: Geschichte lernen 76 (2000), S. 57-61.

Münch, Matti: „Leben in den Schützengräben". Eine Annäherung über die Sinne. In: Geschichte lernen 108 (2005), S. 10-17.

Nietzsche, Friedrich: Sämtliche Werke. Kritische Studienausgabe. Hrsg. von Giorgio Coll/Mazzino Montinari. Bd. 5: Jenseits von Gut und Böse. Zur Genealogie der Moral, 2. Aufl., München 1988.

Onderdonk, Richard P.: Piaget and Oral History: Cognitive Development in the Secondary Studies Class. In: Oral History Review 11 (1983), S. 77 ff.

Oral History – kommunikative Geschichte – „Geschichte von unten". Themenheft der Zeitschrift Geschichtsdidaktik 3 (1984).

Oral History. Themenheft Geschichte lernen 76 (2000).

Plato, Alexander von: Chancen und Gefahren des Einsatzes von Zeitzeugen im Unterricht. In: Bios 2 (2001), S. 134-138.

Reiniger, Frank/Reiniger, Rike: Ein. Aus. Wanderungen. Beschreibung eines Oral-History-Theaterprojektes mit Jugendlichen. In: Bios 2 (2001), S. 122-133.

Reiniger, Frank/Reiniger, Rike: „Wir tanzen Lipsi" – Oral History/Theater-Projekt zu den 60er Jahren in der DDR. In: Praxis Politische Bildung, Weinheim 2003, S. 98-105.

Renger, Helene: Der Mauerfall aus ost- und westdeutscher Sicht. Zeitzeugenbefragung zum Ende der DDR. In: Geschichte Lernen 111 (2006), S. 50-57.

Ross, Alistair: Children Becoming Historians. An Oral History Project in a Primacy School. In: Perks/Thomson 1998, S. 432-447.

Rox-Helmer, Monika: Zeitzeugenbefragung: Mehr als „Erzähl doch mal?" Oral History in der Sekundarstufe II. In: Geschichte lernen 68 (1999), S. 54-59.

Rox-Helmer, Monika: Ein Zeitbild der Sechzigerjahre. Zwei Generationen im Gesprächskreis. In: Geschichte lernen 76 (2000), S. 44-49.

Schank, Roger/Berman, Tammy: Living Stories: Designing Story-Based educational Experiences. In: Bomberg, Michael (Hrsg.): Narrative Inquiry, Amsterdam 2006, S. 220-229.

Schmidt, Wolf: Popanz Oral History. Oder : Fragen kann man doch mal! In: Praxis Geschichte 3 (1989), S. 26-29.

Schnatz, Helmut: Der Luftkrieg über Absurdistan. Mythenbildung, Rezeption und Augenzeugenreaktionen in der Luftkriegsgeschichte des Zweiten Weltkrieges. In: Informationen für die Geschichte- und Gemeinschaftskundelehrer 70 (2005), S. 16-33.

Schreiber, Waltraud; Àrkossy, Katalin (Hrsg.): Zeitzeugengespräche führen und auswerten. Historische Kompetenzen schulen. Neuried 2009.

Schreiber, Waltraud: Zeitzeugengespräche führen und auswerten. In: Dies. 2009, S. 21-28.

Schreiber, Waltraud: Zeitzeugen in Dokufilmen und historischen Ausstellungen. In: Dies. 2009, S. 142-153.

Singer, Alan J.: Oral History and Active Learning. In: Social Science Record 31 (Fall 1994), 4-20.

Shopes, Linda: What is Oral History? From the Making Sense of Evidence series on History Matters: The U. S. Survey on the Web, http://historymatters.gmu.edu

Siegfried, Detlev: Der Reiz des Unmittelbaren. Oral-History-Erfahrungen im Schülerwettbewerb Deutsche Geschichte. In: Bios 8 (1995), S. 107-128.

Sitton, Thad/Mehaffy, George L./Davis, O. L. Jr.: Oral History A Guide for Teachers (and Others), University of Texas Press 1989.

Stearns, Peter: Meaning over Memory. Recasting the Teaching of Culture and History, Chapel Hill 1993.

Tatsch, Claudia: Besetzt! Ein kollektives Trauma? In: Praxis Geschichte 2 (2010), S. 46-49.

Tschirner, Martina: Zeitzeugenbefragung. In: Geschichte lernen 110 (2006), S. 41-46.

Urbanski, Silke: „Jugend in dunkler Zeit". Ein Zeitzeugenprojekt des Albert-Schweitzer-Gymnasiums Hamburg. In: Bios 2 (2008), S. 295-309.

Vorländer, Herwart: Generationsbegegnung in der Oral History. In: GWU 38 (1987), S. 587-596.

Vorländer, Herwart (Hrsg.): Oral History. Mündlich erfragte Geschichte, Göttingen 1990.

Weggel, Renate: „Also ganz ohne Tannenbaum ging es nicht." Erfahrungen mit Zeitzeugen in einem Projekt. In: Geschichte lernen 76 (2000), S. 34-37.

Whitman, Glenn: Teaching Students how to be Historians – An Oral History Project fort the Secondary School Classroom. In: The History Teacher, Vol. 33, No. 4 (Aug. 2000), S. 469-481.

Wierling, Dorothee: Oral History. In: Handbuch der Geschichtsdidaktik, 5. Aufl., Seelze-Velber 1997, S. 236-239.